哲学者に会いにゆこう

Take a Walk to See Philosophers

田中さをり
TANAKA Saori

永井 均
木村 敏
風間コレヒコ
前邑恭之介
中川雅道
俵 邦昭
鬼頭秀一
村上祐子

ナカニシヤ出版

まえがき

「あなたは現役の日本人哲学者を何人知っていますか？」

数年前、中之島哲学コレージュという大阪の街中で開催される哲学イベントに招かれた私は、地下の駅構内にある会場に集まった方々を前に、この質問をした。これまで、高校生からの哲学雑誌『哲楽』という雑誌の編集人として、数々の哲学者にインタビューをしてきたので、もし私が話を伺ったことのある哲学者の名前が挙がったら、その日の話を始めるきっかけになると思ったのだ。ところが、だ。その後、長い長い沈黙が続いた。目の前にいるのは日本で一番ノリが良いと言われる大阪の人びとで、「耳で触れる哲学」というテーマでその日集まった三十名以上もの人びとでもある。人前で哲学者の名前を言うのが恥ずかしいというわけではなかったと思う。本当に知られていなかったのだ。

長い沈黙を破ってある哲学者の名前を挙げた女性は、「その人の本を読んだことがあって、面白かった」と言った。ご本人の顔を見たり、声を聞いたりしたことはないという。それでも現役の日本人哲学者の名前を知っていたのは、彼女だけだった。私はやや焦りを感じつつも、小さいときに考えた哲学的な疑問を探ってもらうことにした。司会の方のエピソードを伺っているうちに、会場からも次々に手が挙がり、思わず前のめりになった。ロマンスグレーの紳士は、小学生のときに森の中で一人でいたときに感じた自分に対する懐疑を、まるで昨日のことのように語ってくれた。

哲学的な問いについて考えたことがあるのに、ふだんはそのことをすっかり忘れていて、なおかつ同時代を生きる哲学者のことを知らない。これは死ぬほどもったいないことだと、私は本気で思っている。一方で私自身が、現役哲学者の名前と顔と声を多く知っているのは、とても幸運なことだとも思う。

　私が哲学者のインタビューを始めたのは、二〇一一年のこと。「哲学の生態に迫る」というコンセプトで開設したウェブサイト philosophy-zoo.com からポッドキャスト配信を始め、その後、雑誌版の『哲楽』を創刊。現在第7号まで出されている。

　哲学者の声を記録しながら手作りで始めた雑誌では、当時の自分の関心から、子どもの医療や教育に関わるテーマも多く取り上げた。今回この本では、永井均さんと、ご縁の深い二人の哲学者の声（第Ⅰ部）、哲学を学んだ若き哲学徒の声（第Ⅱ部）、原発事故を経験した後の哲学者の声（第Ⅲ部）を取り上げる。すべて哲学者たちのしなやかで誠実な声を、そのまま書き起こしたインタビュー録だ。二千年以上も昔、遠い国のギリシャで、哲学の営みが始まったとき、当時の主要なメディアは声だった。その学問を日本で受け継いだ人びとの声の記録を、読者の関心があるところから読み進めて欲しい。

　この本に再録されたすべてのインタビューは、philosophy-zoo.com からインタビュー時の音声を聴くことができる。そちらもぜひお聴きいただきたい。哲学者たちの声の調子、強さ、間、言い淀み、笑い声、息づかいが、声にはそのまま残っているから。

田中さをり

目次

I　哲学者の「迎合しない優しさ」

第Ⅰ部では、哲学者の永井均《ひとし》さんと、精神科医の木村敏《びん》さん、ミュージシャンの風間コレヒコさんに共通する、ある「人間性」に迫る。

かつて永井均さんが教鞭をとられていた大学で哲学を学んでいた私には、どうしても不思議なことがあった。永井さん個人のきわめて高い共感能力と、〈私〉の哲学として知られる「この私だけがなぜ私なのか」という著作でのテーマが、容易には結びつかないことだ。

高い共感能力とは、たとえばご家族から伺ったこんなエピソード。永井さんの娘さんが赤ちゃんのころ、奥様が所用で出かけたあとに帰ると、ハンガーの針金を折り曲げて哺乳瓶の持ち手が作られていて、本を読み耽る永井さんの側で、まだ数か月の娘さんが自分で哺乳瓶を傾けてミルクを飲んでいたそうだ。永井さんには、どんな子どもでも、そしてどんな犬でもよく懐く。私自身が知る大学教授としての永井さんは、どんな学生であっても、その発言の意図を正確に汲み取り、すばやく適確にそれに応えられる。議論の場での共感能力だけならば、合理性の高さだけで説明ができるので、哲学の研究や教育の経験がそうさせているのだろうと納得できる。しかし、赤ちゃんや犬に対しても共感能力が発揮できるとすれば、それはどこから来ているのか、とても不思議なのだ。

一方で、永井さんの〈私〉の哲学は、「この私」として名指しできる存在はただ一つしかなく、他の人の在り方とは明確に違うとするもので、これは著作の中でも一貫したテーマになっている。一人の人の中で、この相反する特徴がどう共存しているのか、その問いをいつか伺ってみたかったのだ。哲学の議論をしているときの永井さんは、すぐさま他人に「なる」ことができ、それに応じた返しを即座に「する」ことができる。まるで卓球選手のように。実際、永井さんは子どものころ、野球にバスケットボールに登山、それに演劇までしていたという。そんな高い身体的・言語的な能力があるにもかかわらず、哲学的なテーマは合気道とか間合いに近いものではまったくなく、むしろ共同主観性を提唱した日本の哲学界の重鎮であった廣松渉《ひろまつわたる》や、他人の身体から捉えられる世界観を展開したメルロ＝ポンティを批判するところから始まっている。

今までさまざまな哲学者にお会いする機会に恵まれてきたけれど、この種の不思議さを感じさせる哲学者は、そう多くないはずだ。最初はそう思っていたものの、インタビューを開始すると、永井さんに似た「人に迎合しないのになぜか優しい」という魅力をもつお二人の方に巡り会う機会を得た。木村敏さんと、風間コレヒコさんだ。妥協を許さない真理の探求を続ける一方で、いかに生きるべきなのか。哲学者の生きる「態度」に、その答えを探りたい。

なぜ子ども時代の問いを持ち続けられたのか

永井　均　*NAGAI Hitoshi*

1951年東京都生まれ。慶應義塾大学大学院文学研究科博士課程単位取得。専門は哲学・倫理学。千葉大学教授などを経て、日本大学文理学部哲学科教授。『〈子ども〉のための哲学』等、著書多数。最新書として、2014年9月に日本経済新聞出版社より『哲おじさんと学くん』を上梓。

■永井均さんは日本大学で哲学を教えている。日本の哲学を牽引《けんいん》してきた哲学者の一人だ。三十四歳で『〈私〉のメタフィジックス』を上梓《じょうし》してから、平均して年に一冊の著作を発表し続けている。難解でとっつきにくいというのが哲学の一般的なイメージである日本で、新刊本が次々に書店に並べられる、作家としての哲学者はそう多くはない。過去には、朝日新聞や日本経済新聞でもその随筆が連載され、大学で高校生と保護者向けの説明会を開けば、愛読者も詰めかける。それが哲学者、永井均さんだ。

〈私〉の問題が最初に心に生じたのは、永井さんが五歳のときで、小学生のときの教室の風景と不思議な思いが今でも記憶にあるという。「後ろから三番目で右から二番目の人が僕だな、それはなんでなんだ?」と。幼少期の永井少年は、両親から「消極的」と称され、母親にひとつの課題を与えられた。それは、通りを行く知らない人に声をかけて道をたずねるというもの。性格的な相反する二重性は永井さんの人柄の特徴であり、それは哲学をするうえでは「複眼性」となって機能しているようだ。いつでもどんな人にでも「なれる」からこそ、そのなり手の起源である「私」の方が哲学的謎だったのかもしれない。そのことをたずねると、永井さんは少し考えて、「そうかもね、本来の人格がないっていうことなのかもね」と笑った。

インタビューの日、自転車で到着するとすぐ、永井さんは窓側で、編集部スタッフに瞑想のレッスンを始めた。目を閉じて、息をゆっくり吐きながら、ひとつずつ数えて、「鳥が鳴いているな、子どもの声が聞こえるな、と思ったらまた息に意識を集中させましょう」と。〈私〉の哲学は、坐禅や瞑想を経て、どこかに向かって進化しているというよりは、それが生まれた場所へ帰る途中なのかもしれない。

持ち続けた二つの問い

―― インタビューを始める前に一つお願いさせていただいていたことがあります。『哲学の密かな闘い』という、ぷねうま舎から二〇一三年に出された本の中から最初のページを少し朗読していただきたいと思います。

永井　はい。「人間は動物ですから、生物学的な理由で生まれてきます。生物としての人間の一器官である脳は意識を生み出すので、脳があれば人間としての精神状態や心理状態が生まれます。ですから、世の中に人間がたくさんいて、多くの脳が意識を生み出していることは不思議ではありません。これは科学的に説明できる事態です。しかし、一つ不思議なことがあります。そのように意識をもったたくさんの人間のうちの一人が、なぜか私である、ということです。多くの人間がいて、様々な精神が存在するが、その中で私であるという特別な在り方をした人間はただ一人です。どうして、そんな例外的な在り方をしたやつが、一人だけ存在しているのでしょう」。

―― もう一つ、約三十年前に書かれた先生のデビュー作である『〈私〉のメタフィジックス』[*1]からも朗読をお願いします。

永井　「「他我問題」は通常つぎのような形で設定される。――およそ私が体験しうる精神的・心理的諸状態は、すべて例外なく私自身のものであり、私が他者の精神的・心理的諸状態を体験することはありえない。私が他者について体験できるのは、外にあらわれた彼の身振り、表情、発声、発言といったものだけである。それゆえ、他者のその種の外的表出の背後に、実際に精神的・心理的諸状態が生起している否かは、私にとってつねに謎であるはずであり、さらには、そもそも諸々の精神的・心理的状態がそこに生起しうる精神や心が彼らにあるのかどうか（つまり彼らが私と同様に「我」であるのかどうか）さえ、私にとっては謎であるはずである。にもかかわらず、私は通常、外的表出の背後にある人々の心理的状態を問題なく理解しており、ときとして「振りをしている」のではないかと疑うことはあっても、すべての場合にそうするわけではない。いわんや、彼らに心があるかどうかを疑わしく思うことなどはまったくない。それはなぜであろうか。そこにはどのような機制がはたらいているのだろうか」。

*1　勁草書房、一九八六年。

子ども時代の問い

――ありがとうございます。今、読んでいただいた理由ですけれども、問いがすごく重なっているように思えまして、三十年近い時間を、この間約二十一冊の本を出されているのですけれど、変わっていない問いをずっと出されているというのが永井先生の特徴のひとつだと感じていました。日本の文化や、哲学という学問分野の中で、こういう子どものころの問いを持ち続けて、哲学という分野の言葉で書き続けていくのは二重に困難だったように思うのですけれども、なぜそれができたのかお聞かせいただけますか。

永井　二重ってどういうこと？

――二重というのは、日常生活でも日本人であるということで、哲学的な会話ってあまりないですよね。その中で子どものときからその問いを持ち続けられてきたということも難しいと思いますし、哲学科に入ったら入った段階でいろいろな他の哲学者の本を読まされたりして、自分がこれをやりたいと思って哲学科に入ってもそれをやり続けることってすごく難しいと思うんですね。ですので、哲学科に入るまでもち続けられたことの難しさと、入ってから後もそれがずっとできたというのが、そういう意味で二重に難しかったのではないかと。

永井　まあ哲学を始める前は別にそんなに難しくなくて、それが生じてしまったから生じただけで、別にとくに何か自分が何かしたってことはないわけですね。こういう問題が何か感じられたから、感じられただけですから。まあそれはしょうがないと。たまたまそうだったということですね。

――何か文章に書かれたことはあったのですか？　哲学科に入る前に。

永井　あったといえばありますね。作文とかそういうもので。中学校のときとかに。こういうことを私は考えている。まあでも基本的に国語の先生ってのはみんなこういう問題を理解しないですね。先生で理解しがちなのはむしろ理系ですよね。これは学科で分類すると、こういうのは文系でかつ国語の先生みたいなものに作文とかで言うしかないけど、国語の先生は私の知る限り、こういう問題は決して理解しないっていう法則があるんですね。これが面白いところですね。

――理系の先生というと？

永井 数学の先生。

――こういう問題だというのを理解した？

永井 ということを理解した。そういう問題はあると。

――ある！

永井 あると。

――そのとき初めて自分が書いたことを、「そういうことってあるよね」と認めてくれる人がいたということですか？

永井 そうですね。初めてというか。

――書いたものに関しては。

永井 そうですね、はい。

――言葉にされたことはもうちょっと前にあったのではないですか？

永井 あったような、ないような、よくわからない。自分でもはっきりしてないですからね、子どものころはね。だから言うっていっても、こんな今読んだようなかたちでしっかり言うことはできないですから。だいたいそもそも通じるようなかたちで言えないから通じないいってこともありますよね。こういうふうにちゃんと書けばわかる人でも、何か子どもがごちゃごちゃ言ってても何言ってるかわかんないと思うでしょうから。

――こういう問いが生じたっていうのは、一番最初は何歳ぐらいだったか覚えていらっしゃいますか？

永井　一番最初の小さいとき、小さいっていうのは幼稚園ぐらいですよ。

――本当ですか!?

永井　ええ、そうですね。漠然とずっと、物心とともにあったっていうか……。まあ物心というのが、二、三歳ぐらいだとすると、もうちょっと大きい五歳ぐらい。

――五歳！

永井　漠然とあったと思いますよ。記憶、今の記憶じゃなくて、「小学生ぐらいのときに、そのころのことを思い出していた記憶」を今思い出すとそうですね。小学生ぐらいのときはむしろ、言葉で言える程度のことはもう思っていたと思いますね。

――何か覚えている風景はありますか？　幼稚園や小学校のときで。たとえば、お友だちがいっぱいいる風景で自分だけが……というような。

永井　そうそう。「このたくさんいる中で何でこいつが俺なんだ」ということを、何か時々教室の中でみんなで並んで座っているときに思いましたよね。「後ろから三番目で右から二番目の人が僕だな」と。「それは何でそうなんだ？」みたいな感じですね。それを感じたのは小学校の三年か四年ですね、教室で思ったのは。

――そのときの担任の先生には？

永井　いや、言ってない。そのときは担任の先生には。小学校のときには言ってないと思いますね。作文にも書いてないし。

——沈黙の時代だったんですか？

永井　まあ、あんまり自分でもはっきりしていないから、どう言っていいかよくわかんないんです。これ、言うのけっこう難しいですから。

——そうですよね。

永井　言い方がない。言い方をトレーニングしないと、訓練しないと。これは哲学的訓練ってまさにそうですよね。「こういう問題をどういうふうに表現するか」ということを訓練するのに哲学が役に立つということですよね。ほかのやり方はないから。これはまさに哲学しかないですね。哲学の言い方を学ぶしか、こういう感じていたことを表現する方法は多分なかったでしょうし、実際にないですね。

——今、「子どもの哲学」というかたちで、教室で哲学対話をやろうっていう試みもなされていますけど、そういうのがもし永井先生の時代にあったとしたら言えていたかもしれないですか？

永井　それはそうですね。そういうのがあったらね。

哲学科で生まれた関連した問い

永井　哲学を始めてから、何でこればっかりをやっていたのかっていうことはまあ非常に簡単なことで、このことにしか興味がないから（笑）。哲学っていう言葉を学んで、議論の仕方っていうか、言い方を学んだだけで、哲学のほかの問題っていうのは基本的には、このことを言うためのテクニックを学ぶためのものにすぎなかったから、これ以外のことは何ら重要じゃないと。だんだんこの問題を深く考えるうちに、哲学のほかの問題が実はこれと全部関連しているという確信をもつに至って……。さっき読んだ二番目のほうは関連しているほうの問題ですよね。最初に読んだ、最近書いたもののほうが原初的な問題ですね。小学生や幼稚園のときに考えたのは、最近書いて最初に読んだほうの『哲学の密かな闘い』の方で書いていることのほうですね。それで「他人の感じているいることがわかんないじゃないか」って話はむしろ後から派生的に出てきて。これは哲学の議論の中にすでにある問題ですよね。

関連している問題。この問題は、本当は、僕が最初に、小学校や幼稚園のときにもった問題との関連でしか意味をもたないだろうと。だから他我問題って本当は、僕が考えたような問題との関連づけなしには本当は意味がないと。そういう問題なんだという確信をもって。みんな他我問題を論じてきた今までの人はいっぱいいるわけですけど、日本だったら大森荘蔵[*2]とかね。偉いとされているけど偉くないと。彼は問題のポイントは本当はつかんでいないと。あるとき確信して。他我問題は似てるけど、その他のあらゆる問題も、こういう種類の問題とつなげないと意味がないっていうふうに思ったんですね。

―― でもそのとき、最初の本を出されたのは三十四歳ですよね。結構チャレンジだったのではないですか?

*2 (一九二一―一九九七)。哲学者。元東京大学教授。物理学を学んだ後、海軍技術中尉となり、復員後に哲学科に再入学する。二度にわたるアメリカ留学を経て、科学哲学者・分析哲学者としての自己を確立した。著書に『言語・知覚・世界』、『物と心』など。(『大森荘蔵セレクション』平凡社、二〇一五年を参考)

永井　だから三十四歳のときに『〈私〉のメタフィジックス』を出したけれども、『〈私〉のメタフィジックス』は妥協的な本で、基本的には自分の本当に言いたいことは第一章の最後のところにちょっと出てくるだけで、全面的には出してないんですね。だけどそのときに、通常考えられていた他我問題とか、倫理的な問題とか、そういうものを考察する本のかたちになっているんですね。だから本当にぱっと打ち出したわけじゃないんですよね。ぱっと打ち出しているのはむしろ最近なんですね。

――　それはやりにくかったというのがあったのですか？　哲学の本として出すには何かと関連づけないといけないという。

永井　それよりはむしろ、自分がちゃんとつかんでなかったのですよね、やっぱり。真正面からそういうふうに全部を自分の観点から捉えるほどには全面的に把握してなかった。だけど「こういう問題もあるでしょ?」っていう感じでちょっとこう匂わせるかたちに。

――　自信がなかった？

永井　自信というよりは能力ですよね。自信はある意味ではあったんだけど、力がなかったというか。

――　今の六十代の先生から見れば。

永井　そうですよね。

――　読み返されてみていかがですか？　まだちょっと深まりが足りないと思われますか？

永井　いや、今読んだ限りのところは全部その通りだと思うけど、他我問題は独立に存在するような問題ではないと思います。それで「なぜか一人だけ「私である」という特殊な在り方をしている奴がいる」っていうことから生じる問題であって、一般的に「他人の意識が感じられない」とか「他人はもしかしたら心がないんじゃないか」っていうような懐疑論っていうのは、それ自体を取り上げれば大した問題じゃないっていうか、本質的な問題ではないと思います。

――その当時、他我問題がホットトピックだったわけですか？

永井　これはウィトゲンシュタイン[*3]ですよね。この問題を本当にはやらせたというのはね。だからウィトゲンシュタインもこの問題を論じたけれども、ウィトゲンシュタインは明らかに、僕が感じていたような問題を感じていたからこの他我問題を出したんだけども、多分解釈者はみんな誤解したと思うね。

――日本の哲学という分野も特殊だと思うので、海外の人にもお伝えしやすいように補足したいと思うんですけれども、ウィトゲンシュタインの哲学が日本に入ってきて、翻訳として日本の哲学の学生が読めるようになったのはどのぐらいの年代ですか？

永井　あれはね、僕が大学生のころにウィトゲンシュタイン全集が翻訳され始めましてね。それまでにも翻訳はありましたけどね。『論理哲学論考』[*4]と『哲学探究　一部』[*5]が法政大学出版会から出ていたので、翻訳はあったんだけど、その中間的な『ブルーブック』[*6]とか、ああいうものがどんどん出始めたのは、僕がもう大学から大学院になるころですから、わりあい後からですね。まあウィトゲンシュタインも、そもそも全面的

＊3　（一八八九－一九五一）。オーストリアの哲学者。言語哲学、分析哲学をはじめ現代哲学に大きな影響を与えた。著書に『論理哲学論考』など。永井氏とウィトゲンシュタインの出会いについては『ウィトゲンシュタイン入門』（筑摩書房、一九九五年）に詳しい。

＊4　ウィトゲンシュタインが生前に出版した唯一の哲学書であり前期ウィトゲンシュタインを代表する著作。『論考』と略される。

＊5　『哲学探究』の原著は、ウィトゲンシュタインの死後、一九五三年に遺稿としてまとめられた。日本語訳は、一九七六年に大修館書店から出された藤本隆志訳のものと、一九九四年に産業図書から出された黒崎宏訳のもの、二〇〇三年に岩波出

に理解されてはあまりいなかったんですね。

——最初の翻訳が出された当初？

永井 そうです。僕はウィトゲンシュタインに一番感動したのは『ブルーブック』という、当初はそんなに注目されていなかった、まあ主著とされていたのは『哲学探究』とそれから一番初期の『論理哲学論考』だから、『ブルーブック』に注目する人ってあまりいなかったと思いますけれども、僕はその『ブルーブック』と、それからその同時代に書かれた『私的体験と感覚与件に関する講義ノート』[*7]という、これはノートですけど、この二つが圧倒的に素晴らしいと勝手に思っております。

——その子どものころからの「なぜこの私が私なのか」という問いとウィトゲンシュタインの問題がちょうど重なったのが大学院生のとき。博士課程にいらっしゃるくらいですか？

永井 いや、それが完全に重なって、これで哲学というかたちで自分の問題をやっていけると思ったのはやっぱり修士課程のときですね。学部のときは「それはどうかな」と思って、「上手くやれるかな」と思ってたけど、修士課程は「これでいける」という感じがして。それはウィトゲンシュタインのおかげですよね。

——それはちょっと感動的な話ですよね。

永井 そうです。本当にそうですね。それはもうウィトゲンシュタインっていう人がしかも偉い人とされていたわけですよね。だからこれ、業界でやるにも「ウィトゲンシュタイン解釈」というかたちで言うことによって自分のことが言えると。

版から出された丘沢静也訳のものがある。

＊6　ウィトゲンシュタインが一九三三年から一九三四年にかけてケンブリッジ大学で行なった講義録。色の名前は表紙の色による。『ウィトゲンシュタイン全集6　青色本・茶色本』（大森荘蔵・杖下隆英訳、大修館書店、一九七五年）。『青色本』（大森荘蔵訳、野矢茂樹解説、筑摩書房、二〇一〇年）。

＊7　『ウィトゲンシュタイン全集6』（大修館書店、一九七五年）の大森荘蔵訳では『「個人的経験」および「感覚与件」について』で、独我論を生み出す「わたし」の文法について分析したノート。

そうじゃなきゃ言えないですよ、これね。だからたまたま偉いとされている人が自分と同じ種類の問題をもっていて、かつほかの人がそれを気づいていないということがあったおかげで、自分の言いたいことが言える突破口を見つけたんですね。これ偶然ですよね。

―― そしてそれが翻訳が出された当初で、まだ手垢がついていなかったと。

永井 それもそう。しかも『ブルーブック』[*8]は大森荘蔵先生が訳されて、大森さんもその『ブルーブック』を非常に買っていたから。もちろん当時権威者でもあったから、非常にこう、少なくとも日本国内では土壌はあったから、そのおかげで解釈的な議論と、自分の話とつなげるのがまあよくできたと。僕はだからラッキー。そういう意味ではね。

―― 今、大学院で自分のテーマを見つけようと思っている人も多いと思うんですけれど、そういう仕方で波に乗るっていうのはありえるわけですね。

永井 そうそう。それ、偶然だからね、僕の場合は。本当にね。たまたまよかっただけで。上手くいかない可能性はいくらもありますよね。そんな人がいなかったら駄目だし。ウィトゲンシュタインみたいな人がいなかったらね、どうしようもないしね。いない場合はあると思うんですよね。だから何かある独自の問題を考えていて、それが今までの哲学の中に誰もそれに似た問題を考えていた人がいないか、いてもマイナーであるか、それ自体があんまり知られていないっていうこともありうるから、そうしたら新しい問題を提起するっていうのは非常に難しいですよね。

だからどこかにきっかけになる人で、かつちょっとメジャーな人がいないと話を始め

*8 『ウィトゲンシュタイン全集6 青色本・茶色本』(大修館書店、一九七五年)

られないというところがあるんですよね。これはちょっと恐るべきことですよね、ある意味では。だって哲学なんて新しい問題出していいはずなのに、出せないもんね。

――それは日本に限った特徴なんですか?

永井 どこでもそうでしょう。

――外国でも?

永井 だって、とくにアカデミックな哲学はこれまでの文献との連関でしか業績とか出せないシステムになっているから。これは、私はとんでもない間違いだと思いますけどね(笑)。これまでのものなんか一切無視して新しいことをいきなり言っていいんだと思いますけど。それが哲学だと思うから、もうシステム自体間違っていると思うけどね。

――でも、タイミングとしては、先生は……。

永井 だから僕の場合にはラッキーだった。

――つまり、二十四歳で権威的な人が訳されている権威的な人の本が手に入って、それを土台にして学会でも発表されて、本にもなったということですね。

永井 はい。

子どもの問いをなぜ持ち続けられたのか

――ありがとうございます。ちょっと前の話に戻りたいのですけども、ご両親との対話で何か記憶に残っていることってありますか? 最初に読んでいただいた問いの内容に関してですが。

永井　関連してはね、この話は親には言ってない。

――小学校の先生にも言ってないということですよね。

永井　小学校では言ってない。親にも先生にも言ってないです。先生にも、中学のときにも、口では言ってないですからね。書くんだから言えたんですよね。

――ちょっと前に伺った話では、小学校のときの先生がすごく変わった先生だったということなのですけど、何か小学校時代の先生が哲学の問いを持ち続けられたということに関して影響を与えているとしたら、いかがですか？

永井　それはですね、けっこう、この今の問題については言わなかったけど、いろんなことを、勝手なことを言っていたんですよ。小学生のくせに。それでそのときにわりあい認めてくれたと。覚えているのはですね、修学旅行だか何だかで、磐梯山《ばんだいさん》のとこ、何て言うんだろう、あれは？　会津若松か。何かああいうところに行って、そのときにあそこは有名な「小原庄助《おはらしょうすけ》さん」っていう歌[*9]があるじゃん。「何で身上《しんしょう》[*10]潰した　朝寝朝酒朝湯が大好きで」とか「それで身上潰した」って。小原庄助と白虎隊の二つが有名なんですよ。それで小原庄助さんってそういうくだらない人なのね。朝寝朝酒朝湯で身上潰した人ね。で、白虎隊はもちろん立派なものとされているわけですね。で、僕はその日、「でも本当に偉いのは小原庄助さんの方だよね」って（笑）。だと僕は思うって言ったら、先生褒めてくれたんですよ（笑）。そのときね、今思うとその先生が偉いと思うんだけど（笑）。観点の持ち方だけはたしかに、白虎隊ってまあ犬死になんですね、実は。単

＊9　福島県の民謡『会津磐梯山』の中の一節。

＊10　一八六八年の戊辰戦争中に、会津藩が組織した十六から十七歳の少年によって構成された部隊。悲劇的な最後を遂げたことで知られる。

純に。誤解して、城が燃えていると思って、お互い刺し違えて死んじゃうんだけど。若いのにね。若い十何歳でしょ。そんなときにそうやって、全然無駄ですよね。それに比べれば小原庄助は自分の楽しいことをやって、身上潰して死んだんだから全然いいじゃんと。だからずっと小原庄助さんの方が偉い人っていう話を小学生の分際で言ってみたんだけど、そしたら先生は怒るというか、反対するかと思ったら、何か一緒に「それは大したもんだ」とか言って、そういうふうに思うのは偉いっていう感じで言ってくれた（笑）。そういう肯定的な観点を教えてくれた。やっぱり何か自分でものを考えることの自信をもちますよね。

――何か言ってみようっていうきっかけになりますよね。

永井 そうそう。そういう意味でいい先生だったですね。

――どんなことでも、非常識なことでも……。

永井 基本的に非常識なことでも、何か考え深い人で、「なるほど」という感じで、いろんなことを「なるほど」と（笑）、そういう能力をもっている。

――それは永井先生に限らずクラスのみんなに対して？

永井 そうでしたね。あんまり先生っぽくなかった。だって学者っぽい人だったから、自分が。だからあんまりちゃんと教えなかったし。自分の専門を教えていた。小学生に歴史ばかりやっていたし。

――岩谷十二郎[*11]先生ですね。

永井 そうそう。地理は教えないで、社会の時間は全部歴史だし（笑）。

＊11　慶應義塾幼稚舎の教員で、小学一年〜六年まで永井氏のクラスを担任した。スペイン近代史を専門とする歴史学者でもあった。論文に「十七世紀初期スペインの回教徒追放問題の一断面」などがある。

――しかもスペイン……？

永井　スペインはさすがにいかなかったけど、日本のキリシタン史みたいなね。

――すごい大学者（笑）。

永井　小学生のときに学者に教わったから。

――でもそこもラッキーといえばラッキーですね。

永井　まあそうですよね。

――何か言いにくいことでも疑問のかたちで自分の意見を言うことができた。それを許される環境にあった。

永井　それはそうだと思いますね。

――ご家庭ではどうですか？　お家に帰って何かこういうことを思うんだけど、というのは言いやすい環境でした？

永井　そういう意味ではあまり厳しい親ではなかったですよね。何か「こうしなきゃいけない」とか「ああしろ、こうしろ」とか言わなくて、別にそんな哲学的議論をするような人とか、そういうことではないけど、何でも好き勝手にさせてはくれた。

――「宿題しなさい」もなかったですか？

永井　あんまり何か言わなかったですね。僕はそのころはどちらかっていうと、そのころの言葉で「消極的」って言われたんだけど。「あなた消極的だ」って。消極的な人間と。何か消極的って言葉を今でも覚えているんだけど（笑）、積極的にならなきゃいけないって言われて、まあ要するにそれは引っ込み思案とかそういう意味。何か変な訓練をさせられて……。

――訓練？

永井　変な訓練。何かそこに行って知らない人に道を聞いてみろとか（笑）。それが面白いのは、それをやってみるとけっこう面白くて、知らない人でも必ず親切に教えてくれるんですよ、子どもなんかが聞くと。そうするとね、むしろ好きになっちゃって、道を聞くのが大好きになっちゃって（笑）。劣等感の過剰克服っていうのがあるじゃないですか。何か劣等なことを訓練すると逆にそれが得意になっちゃうことがたまにあって、そういうふうな意味で妙に、そのことをやたらにやっているうちに、むしろ何ていうか、大人しかったにもかかわらず、知らない人にも平気で話しかけるような人になっちゃうとかね。僕はね、性格的にはそういうところがあって、二重性があって、どっちが自分の本当の性格だかよくわかんないときがあるんですね。それはそれによって開発されたかもしれない（笑）。

――あまり今は推奨されないですよね。「知らない人に声かけなさい」とは。

永井　今はそうだよね。

――それが小学校時代で、中学校時代で初めて作文でご自身の問題を文章にされて、高校時代はどんな学生だったか覚えてらっしゃいますか？

永井　高校生はですね、高校生も似たような感じなんだけど、特別なことといえば高校三年のときは学生運動をやったので……。

――ええっ！

永井　別に、世の中がそういうふうになっていたこともあって、高校、ちょうど一九六九年ですね、七〇年大学入学だから。そのときにいろんなそういう運動がはやって、はやったというか巻き起こったわけですけど。別に僕は中身にあんまり感動、心を動かされたわけではなくて、普通の高校生は何かやってられない気分だったんで、とにかく何かやらないと気がすまない。何か運動みたいなものでいいんですね、普通じゃなければ。今から見るとああいうことがみんなはやったからみんながやったかのように見えるけど、そんなことはなくて、高校ってのは一学年千何百人もいる大高校だったけれども、まあほんの数人ですよね、その中で。

――運動に携わっていたのは。

永井　学年の中からほんの数人ね。学年全部あわせたって十人ぐらいで、まあ一学年で本当、三、四人ぐらいのもんですよね。

――偉い方だったんですか？

永井　偉い方でしたね。三年生だったからね、学年もあるじゃないですか。ある種の理論的指導者にならなきゃなんないし……。

――理論的？

永井　理論的には私が指導者だったんです、本当に。何が問題であるかっていうことを。これは政治的な問題じゃなくて、何かたとえば今やっている勉強というものは本当は何であるかっていうようなことを追求する運動なんだ、みたいなことをね、言って。

――格好いいですね。

永井　ええ。それでいろんな集会みたいなのを開いて先生を、吊し上げまではいかないんだけど、「この勉強はそもそも何のためにやっているのか言ってみろ」みたいな感じで（笑）。「答えてみろ」と。でもね、それ、やっぱり誰も答えられないんだよね、本当はね。自分たちが何をやっているのかってのは自分だってわかんないんだけど、先生だって知らないよね、それはね。何でこういうシステムになっていて、こういう科目を教えなきゃいけないのか。それは何のためになっているのかってのは、本当は誰も知らないってことに、まあ元々わかっていたけど、やっぱり誰もわかっていないってことがわかったのはありがたかったっていうか（笑）。まあ、そういうもんなんだなと。実は誰もわかっていないんだなと。本当は何かそういう惰性でこういうカリキュラムになって授業科目も決まっているから、それをやっているだけで、なぜこの科目が必要で、なんでこういうことを教えるのかって本当は、何の役に立つかとか、役に立たなくてもどういう意味があるのかとかね、そういうことって誰も考えていないです。

――　何人ぐらい先生をそういう追求の的にしたのですか？

永井　先生も、何というか、偉い人がいるじゃないですか、先生の中にもね。そういうふうな主任みたいな人が出てきて、何か集会みたいでやるんだけど、結局やっぱり本質的なことは誰も言わない。

――　永井先生は質問する側だったのですか？

永井　質問、まあ追求する（笑）。ただ運動だから、当時はほら、流れとしては政治運動ですから、もっと政治的なことをやりたい子どもが多いわけですね。で、僕はだからそういうものもいいけど、もっと本質的な問題があるっていうかたちで理論的指導者だったから（笑）。ちょっと毛色の違うものになったと思うよ、ほかの学校と。

——その当時の政治的な目的っていうのはどういうものだったのですか？

永井 だからたとえば七〇年だったら安保条約の改定[*12]とか、そういうものがあるじゃないですか。そういう政治的な問題もあるし、まあその他さまざまな政治的課題があって、そのこととの関連で学校のあり方を考えるっていう方向を……。当時高校生でさえセクトがありましたからね。いろんな中核派[*13]、革マル派[*14]、なんとかかんとかとかあって、それぞれに高校生セクトってのもあったわけだから。それから指導されるような闘争方針みたいなのもあったんですよね。

——今の文脈で言うと原発の汚染水のような問題に学校としてどう考えるかみたいなことを……。

永井 そうそう。そんな感じで言って、その方針が上部から出てきますね。僕はもうちょっとこう実存主義[*15]的に、「自分が今あるところから考えなきゃ駄目や」みたいな。「上から来た政治課題を言っていたんでは駄目でしょ」みたいなことを言って。でもこれけっこう説得力があったと思うんですよ。

——成功をおさめた感があったわけですか？

永井 いや、そのことに関してはね。でもあれ成功する可能性はないんですよね、この運動は。何か「賃金あげろ」とかそういうのじゃないから。

——たしかに。

＊12 一九七〇年に期限を迎える日米安保条約の延長をめぐって、東大紛争をはじめ、全国で多くの反対運動が展開された。

＊13 革命的共産主義者同盟全国委員会。新左翼党派のひとつ。過激で知られ、革マル派との内ゲバをはじめとする多くの事件で多数の死傷者を出している。

＊14 日本革命的共産主義者同盟革命的マルクス主義派。新左翼党派のひとつ。

＊15 二十世紀に活躍したサルトルが広めた考え方で未来に向かって自分を投げかけて（投企して）いく人間特有のあり方に注目した理論。一九六〇年代の学生運動のバックボーンともなった。

永井　本質的なことだから、結局運動としては何の成果もあげないものですよね、本質的にね。まあ僕にとってはいわば一種の哲学なんですよね、それは要するに。

――もう始まっていたんですね。

永井　運動とはいっても。哲学しかできない人間なんですよね、本質的に（笑）。何やっても哲学で、運動とかいっても。

――面白いですね。そこで大学では哲学科に行こうとあるときに思われたわけですよね。

永井　もうだからそれは最初から思っていました。

――高校一年生ぐらいですか？

永井　高校生のときからもうずっと思っていました。

――その当時何か哲学書を読まれたりしていたのですか？

永井　その当時も哲学入門書みたいなものとか軽いものは、もう中学生のときから読んでましたけど。高校生のころは、そのころはやっていたマルクス主義系[*16]のものなんかはものすごくたくさん読みました。

――運動のためもあって？

永井　うん、関係もあるし、その当時、廣松渉[*17]とかああいう、今はもう有名だけど、出始めのころとかああいうものはほぼすでに。あと吉本隆明[*18]とかね、ああいう当時はやっていたものは……。

――一人で読破（笑）。

*16　マルクスとエンゲルスによって展開された理論で、労働者階級による階級闘争により社会主義の実現を説いた。日本の労働運動や学生運動にも影響を与えた。

*17　（一九三三‐一九九四）。哲学者。元東京大学教授。マルクス主義研究から独自の哲学を展開した。著書に『マルクス主義の成立過程』など。

*18　（一九二四‐二〇一二）。思想家、詩人、評論家。政治から文学まで、幅広い分野で評論活動を行ない、戦後思想の巨人と言われることもある。著書に『共同幻想論』など。

永井　もう全部読破するぐらい（笑）。彼らが書いたものは少なくとも全部読んでたかもしれない。

――それについて誰かお友だちと議論したりという関係は？

永井　ということもありましたけどね。あと、マルクスの本とかね。『経済学・哲学草稿』[*19]が当時有名だった、はやってたのもあって、そういうのは非常によく読みました。

――でもその中で、小さいころからの疑問をその文脈でどう表現しようかなと迷われていたと思うのですけれど、哲学科に入ってそれができるという自信はあったのですか？

永井　いや、それはなかったですね。もうほかに行くところはないし、まあ食べていくためにはたとえば経済学部とか行った方がいいかなとかいうのはあることはあったけど、別に、とくに選ぶのに困ったなんてことはなくて、哲学やるしかないと。

――哲学一本？

永井　一本でした。本当に。

*19　岩波書店、一九六七年。同書は長谷川宏訳で二〇一〇年に光文社古典新訳文庫として出されている。

マルクス主義全盛時代での突破口

――最初に大学でどの先生の授業を取られたか覚えてらっしゃいますか？

永井　いや、あんまり覚えていないですね。大学のころの哲学がどういうことをやったのか。細々覚えていないいんですけど、ただやっぱりいろいろ知識を植えつけられて、じわじわと役に立っていますね。つまり全然興味がないと当時思っていた中世の哲学の、何かトマス・アクィナス[*20]の神とか、天使がどうしたとか。天使についてどう言っているか、天使で、天使の離存形相って言うんですね。形相《けいそう》が質料から離れて形相だけあるというのが天使で、でも最低の質料は少しはいるんじゃないか、とかいう議論をしていて。そんなのくだらねえ（笑）。天使に質料があるかどうかなんてわかんない。天使なんてそもそもいないんだから。そんな議論が何なんだと思ったけど、この議論は実は重要だということが、つまり哲学の議論でそういうことを論じるのは実は意味があるっていうのは、数十年たつとわかるっていうことがあって、ああいうものも何かカリキュラムとしてやっちゃうのも大事ですよね。つまり全然興味があるわけじゃないけど、何かそういう「形而上学」とかいう題の授業があって、で、そこでそんなことを聞いて、おお、こんなバカバカしいことを中世の連中はやったのかって思ったけど、まあ今考えるとそういう教養も役に立ちますよね。

―― それが一九七〇年代ですね。その当時の日本の哲学の先生たちのあいだで流行はあったんですか？

永井 だからさっき名前の挙がった廣松さんとかはやっていましたよね。まだマルクス主義がはやっていたからね。廣松さんてのは認識論のあれだけど、当時としてはやっぱりマルクス主義者としてはやっていたと思いますね。革命運動の理論家という側面があったから。

―― 一般の人も読んでいました？

*20 （一二二五頃－一二七四）。中世イタリアスコラ哲学者、神学者。キリスト教思想とアリストテレスの哲学の統合を図り、信仰と理性を総合する大著『神学大全』は、カトリック教会の教義の正当性を論証するものとして後世に大きな影響を与えた。

永井　読んでいましたね。廣松さんとか、そういう系統のものはね。そういう意味では今とずいぶん違いますよね。そういう点が。哲学っていってもそういう点で、運動みたいなものとの連関でそういう思想的なものがあるっていうものは、今よりもはるかにあったんじゃないですかね。

――役立っていたんですね、ある意味。

永井　ある意味ね。役立ったのかどうか、本当はわからないですけれどもね。本当はどういう意味があったのかっていうのはよくわからない、今となってはね。

――その中でもさっきの三十四歳で出された方の他我問題の話とかも考えられていたのですね。

永井　そうですね、だから僕は基本的にはもうそういう問題があるので。そういえばこの他我問題に関しては廣松さんも論じていますよね。「共同主観性」っていうことが彼の主張だから。そうそう、僕の哲学のひとつの突破口の一つは廣松批判なんですよ。だから廣松さんの共同主観性っていう考え方はただ間違っているんだと。そうじゃなくて、彼はみんな心が、他我問題に関しては他人の心の中ってのは実はつながっている、みたいな話が共同主観性の話ですよね。それがつながっているかどうかは関係ないんだと。みんながつながっていたってそのうち一人が私だってことが問題なんだから、他人の心の中がどんなによく見えたって、丸見えになっていたって、丸見えになったからといって問題がなくなるわけではないと。そういう意味では、そういう他我問題の解決の仕方では何も解決されない問題が残っていますよということを言って、それは廣松さんを読んでいた人にはひとつのアピールとして通じていたと思いますね。廣松渉とかメルロ＝ポンティ[*21]とかがそのつながりなんだけど、この連中が言っていることは間違っていると いうより、何て言うかな、ポイントを外していると。で、もっと重要なポイントはあるだろうということ。そういうことを言った、ということになった。

―― なるほど。その時代だとサルトル[*22]とか実存主義の流れもあったと思うのですけれども。

永井 サルトルはね、ちょっとはやり終わったんですね、そのころは。サルトルってのは流行したのはもっと前、六〇年代ですよね。だから僕よりちょっと上の世代っていうか、もうちょっと上の世代の人が、だから団塊よりももっと上ですよね。その人たちがサルトルを読んでいましたよね。

―― それが下火になって廣松やメルロ＝ポンティがはやってきて。

永井 そうですね。そうそう。まさにそう。サルトルもマルクス主義者だけど、あれよりは廣松さんの方が新しいわけですよね。

―― そういうことなのですね。それで、また永井批判がそこで始まっていると。

永井 そうそう。だからそういう意味で、僕はサルトルとは直接関係ないよね。そういう意味では。流れとしては。

―― ひとつはさんでいるわけですね、流れは。

永井 そうそう。

―― 新しく受け止められたわけですか？　永井先生の廣松批判は。

＊21　（一九〇八－一九六一）。フランスの哲学者。現象学の大家。著書に『知覚の現象学』など。

＊22　ジャン＝ポール・サルトル（一九〇五－一九八〇）。フランスの哲学者、小説家、劇作家。実存主義者。「実存は本質に先立つ」と述べ、人間をあらかじめ定義付ける本質はないと考え、個々人の自由を強調して、社会的現実への参加を呼びかけた。著書に『存在と無』（哲学書）、『嘔吐』など。

永井　そうですね、そういう面もあったと思います。

塾で子どもたちの哲学的問いに合いの手を入れる

――大学院を終えられて、そのままの流れですぐに就職されたわけではなく、塾の先生だった時期がありますけれども、その当時はまだ同じ問題を考えられていたわけですよね。

永井　そうですね。塾の先生のときも考えていましたね、もちろん。その間ずっと並行して大学というか非常勤講師のほうもやっていて。大学じゃなくてですね、最初これやったのは北里衛生科学専門学院という臨床検査技師の専門学校と……、あとは聖心女子専門学校かな。聖心女子大の短大みたいな。短大じゃなくて何か、専修学校なんですね。もう一つ何かやってたかな？　何かそのようなところを最初やっていたんですよ。それと塾とが並行した時代でしたね。

――生活としては今までで一番厳しかったかと思うのですけれども。

永井　厳しいといってもけっこう給料はまあまああったし……。

――続けていける自信はありました？

永井　だからそういう意味で働くと時間がなくなるという問題がありますよね。時間を取ろうとすると貧乏になるっていうね。時間講師だから、単純なそういう問題があるんですよね。そういうことは問題でしたけど、それ以外にはむしろ、そういう意味では別に問題はなかったですね。ちゃんとやっていけたし。塾講師も、中学生が中心だったんですけど、けっこう子どもが可愛くて面白かったですよ。

――塾では永井先生の哲学の問題を話したりする機会はなかったのですか？

永井 たまに子どものほうがそれに近いことを言ったときは……。

――おおっと思うわけですね。

永井 おおと思いますね。「こいつはわかってるな」みたいな。そのときは、自分の考えは言わないで、「君の言ったことは素晴らしい！」って言ってものすごく褒めるんだよ、とにかく。僕の考えを言うんじゃなくてね。君の言う通りなんだと。とにかく哲学的なことを言ったら必ず褒める。ものすごく。哲学的だってだけで。

――自分の意見と違っていようが何だろうが……。

永井 違っていようが何だろうが、哲学的な疑問とかポイントを出した時には「それこそが素晴らしいんだ」って。これはただのえこひいきっていうか、〔子どもの〕人口を自分の陣営に入れたいってだけ。それだけのことなんだけど。たまにあるんですよね、子どもってのいうのは。そういうことをふと言うことがね。そのときはそれの芽は摘まないどころか、芽をものすごい育てちゃう。

――そこで励まされて、先生の前では哲学的な話をしたいなっていう生徒さんも？

永井 そうでもなくて、そのことはもう言わなくなっちゃっても、多分、潜在的には残るであろうというふうにこう、期待するだけです。

――祈りを込めて？

永井　そうですね。というか自然にそうなっちゃうだけですね。ついつい何か言いたくなっちゃう（笑）。別に何か意図しているわけじゃなくて、つい声が出ちゃう。「よおーっ」って感じ（笑）。

——合いの手を入れてしまう（笑）。

永井　合いの手を入れちゃう。「おお、素晴らしい！」って。

富岡勝さんに促されて出版された最初の著作

——そんな時代に最初の本が、最初に朗読していただいた『〈私〉のメタフィジックス』が出されて。このときは、もちろん最初の本ですから、先生ご自身は有名ではなかったのですよね。

永井　はい、もちろんです。

——どういう経緯だったのですか？

永井　これは勁草書房の富岡勝《とみおかまさる》という編集者が、これは非常に偉大な編集者で当時はやっていたものは全部この富岡さんが担当しているんですね。一番有名なのは 浅田彰[*23]の『構造と力』[*24]、あれも富岡さんですね。浅田さんなんか僕が書いたより、僕よりはるかに若いときに書いていると思いますけど。二十代ですよね。それからその他、今活躍しているいろんな人が、みんな、橋爪大三郎[*25]とか大澤真幸[*26]とかね、ああいう人も全部富岡さんがいきなり目をつけて、「君、本書け」っていう感じで言っているんですね。み

*23　（一九五七–）。経済学者、批評家。二十六歳で出版した『構造と力』がベストセラーとなった。ニューアカデミズムを代表する人物の一人。

*24　『構造と力——記号論を超えて』（勁草書房、一九八三年）。

*25　（一九四八–）。社会学者。著書に『言語ゲームと社会理論——ヴィトゲンシュタイン・ハート・ルーマン』など。

*26　（一九五八–）。社会学者。著書に『ナショナリズムの由来』など。

んな、ほかにもたくさんいますよ。それで僕も単に学会誌に二つ論文を書いただけなんだけど、それをなぜか彼は学会誌を読んでいて、『倫理学年報』に書いた「〈人〉として生きる〈私〉の成り立ちについて」っていうのと、日本哲学会の『哲學』っていう雑誌に書いた「感じられるものの文法とその「私秘性」」っていう二本だけしかなかったと思うんだけど（笑）、その二本を読んで「本を書け」と言ってきたね（笑）。

――びっくりですね、それは。

永井 驚いたね。今、あんなことやっている人いないと思うね。学会誌を読んで、それで本を書けって呼びかけている人なんかさすがにいないと思うんだけど。富岡さんは何かそういうふうに、ものすごい若い人をいきなり発掘ということをやり続けたような方なんですよ。

――偉大ですね。

永井 すごいんですよ。

――そういう意味で編集者の方の先見の明というのがあったということですよね。

永井 うーん、まあそうだけど。そんなに大した本じゃないかもしれない。

――いやいやいや（笑）。

ヴィパッサナー瞑想[*27]に哲学が役立つ

――最近は瞑想に凝《こ》られているということで。これは何か「〈私〉の哲学」との延長

＊27　インドの最も古い瞑想法の一種。日本で一般的な大乗仏教ではなく、上座部仏教（テーラワーダ仏教）に由来する。

できっかけがあったのですか？

永井　うん、哲学との関係で言えばきわめて単純なことで、瞑想というのはまさに〈私〉の存在っていうことを直接感じる方法ですね、感覚として。この人、この人間、永井均という人ではなくて、それが〈私〉であるっていうことを永井均という人を通り越して直接感じることによって、もう永井均であることを捨てる。捨てるというか、そこにまつわるいろんなものはもうないことにすることができる。これは理論的にはそうできるわけだけど、日常生活でそれをすることはできないわけですよね。今しゃべっているときだって、永井均としてしゃべるわけですから。だからそれを完全に、意識がはっきりしていながらそれを捨てるっていうのは瞑想。坐禅でもいいですけど。哲学との関連では単純にそうですね。

――役に立っているわけですか？

永井　哲学が役に立っていますね。

――ああ、そういう順番なのですね。瞑想は哲学には？

永井　瞑想は哲学に役に立つというよりは、哲学のほうが瞑想の役に立っていて、瞑想することによって、これは哲学と関係なく瞑想の効果があって、それがいろんな体の調子をよくしたり、気分をよくしたりするっていうのがあって、それは今度はそれ独自に役に立つから。何というかこう、気分が晴れやかになるんですよ、本当に。

――いいことですね。

永井　曇った感じがクリアーな感じになって、明るい感じになるんですね。何となく曇った、ぐだぐだした感じがあるじゃないですか、人間は。これがクリアーになって、明るい、晴れやかな感じに……。

――気分が？

永井 気分がなる。体も心もなりますね。

――どっちかというと、哲学をするというのは一般的なイメージでは曇りがちだと思うのですけれど。

永井 それはそうですね。思考しますからね。思考ってのはやっぱりいまいちクリアーにならない場合が多いから。

――幸せとの連関で言うと、ちょっと不幸状態にありますよね、哲学しているときって。

永井 まあそうですね。思考は必ずある種の不充足っていうか、不満足というか、満たされないものになるでしょ。何か人生上のいろんな不充足、不満足、満たされないよりは、単なる思考だからまだある意味ではいいんだけど、それでもそういうものがあるので。それに対して瞑想は一切の不満足、不充足状態は綺麗さっぱりなくなると。完全に満たされた状態に（笑）。完全にクリアーな……。クリアーというより透明になれるんですよね。クリアーどころじゃないですね。

――透明（笑）。

永井 透明。まったく透明な無（笑）。すごいとなくなることができて。こう、〈私〉というものが透明になっちゃう。透明な状態ってのがいいですね。だから混濁した、濁ったところがなくなって、まったく透明になれる。

——でも濁りがないと透明にもなれないと思います。

永井 だから濁りを外していて、濁りはこう除去していて、完全に透明っていう。これが気持ちがいいところですよ。

——最初の「〈私〉の疑問」というのは、幼稚園や小学校のころからおもちだったということですけど、そのあとに続いた哲学的な理論が瞑想には役立っているということですよね。

永井 役立っていると思いますね（笑）。いや、僕の場合だけ役立っているんですよね。これが不思議で、ほかの人はこんなことは考えていないから、ほかの人は瞑想するときにこれを役立ててないはずだから。じゃ違うことをやっているんだね、実は。驚くべきことに瞑想の伝統ってのがあって、二千数百年の伝統があるわけですよね。それなのに多分、やっていることとは違うのかもしれない。

——でもそこはラッキーと言えばラッキーな出会いですよね。

永井 ある意味でラッキーですね。

——ラッキー続いていますけど。

永井 ラッキーね。でももしかしたら同じことやっているのかもしれないですね。仏陀も道元[*28]もね。僕がやったのと実質的には同じことだったのかもしれないですね。

——瞑想を本格的に始められたのは六十代になってからですよね。

永井 ヴィパッサナー瞑想は六十代になってからですね。ヴィパッサナー瞑想自体が日

＊28　（一二〇〇－一二五三）。鎌倉時代初期の禅僧で日本曹洞宗を開祖した。著書に『正法眼蔵』、『永平清規』など。

本で認知されてはやってきたのがわりあい最近なんですね。それまで向こうのいわゆるスリランカや何かで、ああいうところではなされていたけど。ミャンマーとかね。結局日本では坐禅の伝統があったから。そういう伝統しかなくて、ヴィパッサナーの伝統はなかったんですよね。

――ヴィパッサナー瞑想はインド系ですか？

永井　いや、ヴィパッサナーはインドから、南伝で、南の方で、スリランカやビルマのほうから来ているほうですよね。それで、日本に伝わってこなかったんですね。中国のほうのが伝わってきたからそれが坐禅って感じで、禅の形で伝わってきて。ヴィパッサナーのほうがやりやすいんですよね。坐禅ってただ座るだけじゃないですか。何もするな。何をやっていいかわかんないんですよね。ヴィパッサナーはそのとき何をするか、まず呼吸を観る、とかね。それから浮かんでくる想念を一つつかんでは手放していくとかね。やることがはっきりしているんですね。だから誰でもその通りに、マニュアル通りにやっていくとある程度の成果が誰でも出る。

――晴れやかになれる成果が……。

永井　まあ、上手くいけばね。上手くいかない人も結構いるらしいですよ。やってもやっても何もない。駄目だっていう人も。

――じゃあそういう方にはまずは『〈私〉のメタフィジックス』を読んでいただいて（笑）。

永井　まあ、そうそう。僕の〈私〉の哲学を学んでもらえば必ず上手くいくと。

――そのルートで行ってもらえれば正しい曇りが心に生じて。

永井 そうそう、その曇りから、それをクリアーにするルートも全部つかめると。多分そうだと思います。

――なるほど（笑）。先生のライフヒストリーを伺うだけでも、日本というすごく特殊な国で、時代時代に入ってきた思想やそこではやっていたものや翻訳書があって。それで、先生はそこで上手くつながっていって永井哲学が続いているという感じがしますね。

永井 そうなんですよね。そのときそのときのものとつながっているんですよ、何かね。これが不思議ですよ。

――六十代でヴィパッサナー瞑想とつながる（笑）。

永井 そうそう。そうなんですよ。

――世界思想地図でも描けそうですね。最初がマルクス、廣松渉。次がウィトゲンシュタイン。その次が……、まだありますか？ ヴィパッサナー瞑想にいく前に。

永井 うん。本当は細かく言えばあるけど（笑）、今日の話では省略して、最近ではこの瞑想と。

（二〇一四年四月二十六日インタビュー）

「あいだ」と〈私〉をつなぐもの

木村　敏　*KIMURA Bin*

1931年旧朝鮮生まれ。旧制岐阜県斐太中学校、第三高等学校を経て、京都大学医学部卒業。1964年京都大学にて医学博士。2008年に河合文化教育研究所所長。2003年『木村敏著作集第7巻・臨床哲学論文集』で和辻哲郎文化賞を受賞。

■木村敏さんは、長年にわたり、精神的な病の診断にまつわる哲学的論考の執筆活動を精力的に続けて来た。専門の精神病理学の分野ではもちろんのこと、二〇〇三年に『木村敏著作集　第七巻』で和辻哲郎文化賞を受賞したことからわかるように、哲学の分野でも高名な精神科医だ。

二〇一四年夏、日本三大祭りの祇園祭の中日、京都市三条通りにある研究室をたずねた。「永井さんの話ということだけど、講演の準備であまり本を読む時間がなくて……」という言葉とは裏腹に、途中で取り出されたのは、びっしりと何本もの下線が引かれた『西田幾多郎――〈絶対無〉とは何か』だった。「私と汝」という西田の論文の「場所」というその中心的概念をここまで明晰に解析した人は、永井さん以外にはいない」。その声には力がこもっていた。

もともと、西田幾多郎の「場所」に惹きつけられていた木村敏さんの中心的なテーマの中に、間《あいだ》という考えがある。小学生のころからピアノへの憧れをもち続けていた木村少年は、旧制三高に入学してようやく念願のピアノを習う機会に恵まれた。音楽研究会を立ち上げ、合唱の伴奏をするようになる。ピアノや歌が紡ぎ出す音がもつ「過去・現在・未来」の流れが、何かに導かれるようにして、その場で曲になっていく体験を経験したことから、その現象を「あいだ」として考察し続けた。あるとき、永井さんの西田の解説を通して「私の底にある汝、汝の底にある私」それこそが「場所」だという考えに、自分以外に「こういう見方をする人がほかにあったか」という喜びを感じたそうだ。この「あいだ」と、交換不可能な〈私〉は、西田の「場所」を通してつながっているのかもしれない。

間の哲学

――木村敏先生は朝鮮でお生まれになられて、お医者様のお父様の赴任地だったということなんですが、五歳まで京都で過ごされて、そのあと岐阜県高山市でお過ごしになられ、中学生までは岐阜においでになられた……。

木村　中学生、高山のね。

――はい、高山の斐太《ひだ》中学校を卒業されて、その中学校三年生のときに終戦を迎えられました。そのあと、旧制三高、現在の京都大学理学部を経て、京都大学医学部に入学されました。精神医学の勉強をされてお医者様としてもその後、ご活躍されていらっしゃいました。たくさんの本をお書きになられていて、そのほかに哲学的な探求もなされているんですけれど、今日は永井均さんとの接点と、木村先生のこれまでの生き方についてもお伺いして参りたいと思います。最初の質問なんですけれども、「間《ま》」というテーマに関心をおもちになったのは……。

木村　「ま」とおっしゃると……。もちろん「ま」でもあるんだけれども、私は「あいだ」という読みで言っているわけでしてね、やっぱり「あいだ」と「ま」というのは同じだと言えば同じだけど、漢字にすれば一緒になるんだけど、やっぱりね、「あう」という日本語と、「あいだ」というのと、重なりみたいなもの、それが気になるものだから、「あいだ」と言っているんですよね。だから私、「ま」と言いますと、音楽のほうでは「ま」という言葉がよく使われるけど。ちょっと違う。

―― 失礼しました、最初から、基本的なところを教えていただいて。

木村 うーん、どう違うかわからないですけどね。たとえば武満徹さん[*1]っていうのは私親しかったんですけれども、「ま」のことをしきりに言ってらっしゃる。非常に意見一致したんですけどね。まあ「ま」と言うと「間が抜ける」とか、音楽の場合だと、「ま」と言うとある音が鳴って、それからしばらく時間がたって次の音が鳴って、その二つのあいだのことをよく言いますよね、「ま」と。しかし武満さんは「間(ま)」というのはそういうもんじゃない。間というのは一音の中にすでに間があるんだ」という考えを出しておられる。これは私、大賛成なんですね。私もそう思う、音楽をやっていて。

どうやって言ったらいいのか(笑)。たいへん難しいので、そんなに簡単に順序立ててというか、わかりやすく説明はできないんだけれども、「あいだ」というものも、「あいだ」というと何かと何かの「あいだ」ということになって最低二つのものが必要に思えるんだけれども、その二つのものが「あう」場所は一つなんで、そういう点で「ま」と「あいだ」というのは近いといえば近いなあ(笑)。

―― (笑)ありがとうございます。そうしましたらこれ以降は「あいだ」というふう

*1 武満徹(一九三〇-一九九六)は日本を代表する作曲家の一人で、随筆家でもある。作曲作品に『鳥は星形の庭に降りる』(管弦楽)など。

に呼ばせていただきたいと思います。「あいだ」というテーマに関心をおもちになったのが音楽からだったということなんですが。

木村　ええ……、はい。

ピアノとの出会い

――音楽との出会いが中学生のときですか?

木村　です……かねぇ。出会いというほどのことはなく、全然何も音楽なんてやっていなかった。ただ、私の父親が高山の日赤、赤十字病院の院長をしていたんですがね、その副院長さんというのがもちろんおられて、やはり京都から赴任して来られた方なんだけど、その方のお嬢さんに、小学校の同級生でピアノがとても上手な方がおられたんですよ。それで「ああ、いいなあ」と思って、「弾けるようになったらいいのになあ」と思っていた時期が、これは小学校のころかなあ、中学というよりは。うーん。まあ、そのころから音楽が好きだったことは好きだったんでしょうね。しかし、とくにやってはなかったな。ただ、私の家に昔の足踏みオルガン、母親が多少音楽が好きだったのかな、たぶん。母親が嫁入り道具にもってきた足踏みオルガンがあって、それでしきりに音を出していたから、というんでしょうね。だからまったく音を出さなかったわけではないんだけども。いいかげんなもんで。京都へ、三高ですね、旧制三高へ来たときに、どうしてか音楽部というクラブに入ったんですよ。好きだったということなのかな。教わり始めたのはそのときが最初だなあ。きちんとピアノの先生について教わったの。あれいくつだ、えっと……。

――先生の『形なきものの形』[*2]というエッセイ集によると十六歳ごろかと。

木村 もうけっこう大きくなっているわけです。だから音楽をやっている子どものように三歳、四歳からやっているわけじゃないので、当然指は動かないし、しかし必死になってピアノの練習をいたしましたね。それでけっこう上手になったんですよ。

――チェルニー三〇番[*3]を一か月で仕上げたってことが書かれてありました。

木村 そうなんですよね。

――すごいですよね。

木村 それで、何をやったかと言いますとね、もちろん独奏なんていうのは、まあ独奏もやりましたけれども、どうせたいした曲は弾けないんで、伴奏をね、よくやったんです。不思議なことに私が伴奏をすると、たとえば歌でも楽器でもいいんですが、何か歌いやすいとか弾きやすいとかいうことをよく言われましてね、それでその合奏ですよね。私はピアノ、相手は楽器とか歌とか。それで音楽というものをそれ以後ずっと、京大の学生時代から、もう、もちろんそれは今は全然弾かなくなっちゃいましたけど、指が動かなくなって。でもごく最近まで続けていた。で、家内も歌を歌うので、家内の伴奏をすることで仲良くなってってということなんですよね。

――そうだったんですね。

＊2　木村敏『形なきものの形――音楽・ことば・精神医学』（一九九一年、弘文堂）。

＊3　オーストリアの作曲家カール・チェルニー（一七九一―一八五七）が残した練習曲を集めた楽譜集。ピアノの中級程度の教本として定着している。

間としての場所

木村　だから武満さんの「ま」の話は横に置いておいて、「あいだ」ということで言いますと、二人の人が、あるいはあと何人かで合奏をすることがいくらでもあるわけですけれども、その何人かの人が合奏をするときに、めいめい音を出すわけでしょ。めいめい音を出して、それが一つにまとまるわけでしょ。その一つにまとまるという、どう言うんかな、ふふ、難しいな。その出来事、それの起こる場所が「あいだ」なんですよ。

――「場所」＝「あいだ」なんですね。

木村　はい。「あいだ」という場所で起こるんですよ、音が合うとか合わないとかいうことがね。

――その場所というのは空間的な場所なんでしょうか？　時間的な場所なんでしょうか？

木村　まあ、どっちでもいいんだけど。

――その瞬間にぴたりとそれぞれの音が合う瞬間であり空間的な場所であるということですか？

木村　合うと言っても決して瞬間ではないですよ。だから、むしろどっちだということを言われれば、空間的な感じのほうが強いかな、どっちかっていうとね。決してそんなにメトロノームで合わせるようなきちんとした合い方ではないのです。そういう合い方だと非常につまんないんです。どっかにずれがないとね、私は、今のはピアノの話だけど、しばらくしてからというか、精神科の医者になっちゃってから三味線を習ったことがあるんです。三味線で長唄を、私はどちらかというと三味線を弾くほうでしたけど、長唄と三味線だと必ず音はずれなきゃおかしいわけです。西洋音楽の場合のように、楽譜が書いてあって、いちおう垂直に同時性を表わしますよね。それでは長唄は成り立たないんです。必ずずれるんです。三味線の音と、本来そこに合うべき、合うべきと言うかな、唄とかね、必ずずれる。そのずれが非常に微妙で面白いんだけど、やっぱりどうずれるかという、それも「あいだ」の一つですし、「ま」と言えば「ま」ですし。だから「あいだ」というのは時間的な「あいだ」だとも言えるし、しかし時間的な「あいだ」だって言ったって、決して本当に一瞬、メトロノーム的な時間ではない。わかるかな?

―― その場合に演奏しやすいというふうに言われたのはどういう意味だったのでしょう。

木村 三味線のときはそんなこと言われなかったなあ。言われなかったというか、こっちはまだ初心者ですからね、本当に。ピアノのときにはそう言われましたね。僕が伴奏すると歌いやすいとか弾きやすいとかいうことは、よく言われましたね。

―― それも不思議ですね。それは「あいだ」と何か関係があると思われますか?

木村 うん、思いますよ。あるでしょうね。

―― 先生のほうが歌い手のタイミングに合わせているから歌いやすいということなん

でしょうか?

木村　まあ、そういうことなんですけども、しかしそのときに、これはいろんなところに書いていることだからご存知かもしれないけど、上手くそれを言葉で説明するのは難しいんだけれども。そうやってみんなで、何人かで合奏をして音楽をやるでしょ。たとえば私なら私は指でピアノの音しか出さないのです。ところがそこでたとえばヴァイオリンの人がヴァイオリンを弾いている、チェロの人はチェロを弾いているというようなことで、たとえば三人で合奏曲をやっているとするでしょ。そのときに演奏を上手く運んでいるときは、何と言うのかな、音楽というのは一人で鼻歌を歌っているときでも同じことなんですけど、これまでやってきた音楽、これまでの音の流れ、それを今後も続けるわけでしょ。そこに過去・現在・未来で音が流れていきますね。ところが合奏の場合ももちろんそう、合奏の場合もたとえば三人でやっていれば三人の過去・現在・未来が曲としてまとまるんですけれども、どう言ったらいいかな。

そうなりますと、私はまあピアノを弾いている、その私のピアノを次、どんな音を出すかを引っ張ってくれるもの。これは私、独奏をしているときにはあくまで自分自身の弾いている音楽が次の音を引っ張ってくれるわけです。ところがそのときに、たとえばヴァイオリンならヴァイオリン、チェロならチェロを含めた自分ではない人、自分ではない他人の出している音が自分の音楽を引っ張ってくれるということがあるわけですよ。で、そのときに、うまく言えないなあ、そのへんのことは。ちょうど僕は後々、精神科、医者になってから接するようになった統合失調症の患者さんに作為体験という症状がありまして、自分のやっていることが全部自分がやっているんじゃなくて他人にやらされている〔と感じる〕という体験なんですけど、これ非常に重要な症状なんですけど。作為体験と本当に同じ、自分が弾いているんじゃない、人に弾かされているんだというそういう体験を、合奏の時に何べんもというか、しょっちゅう体験したんですよ。

それはね、要するにこういうことなんだ。たとえば三人の人が合奏しているのは、三人の、三つの、主体というか、がそれぞれ間主体的、相互主体的なんて言い方をしますね。主体同士が働き合って曲を演奏しているんじゃなくて、そうではなくて、主体以前のと言ったほうがいいんだろうな、何か主体にまだならない一つの「あいだ」が、「流れ」と言っちゃいけないか。やっぱり場所だよねえ。本当に場所という言い方はそういうときにはぴったりくるんだけれども、何か場所ができて、そこでその場所の上に、ほかの人たちは別として私なら私の主体というのはその場所が作るんだと、場所がその主体を作る、そういう体験ですよね。その体験を少なくとも私はしょっちゅうしていたんです。それで、それはどうやら私が加わるとほかの人が演奏しやすいということをよく言われたんだけれど、それと関係があるんじゃないかなあ。僕は、だからそれを、やっぱり「あいだ」ということなんですけども、それが「あいだ」という場所なんです。

―― 面白いですねぇ。

木村 本当にこれ、言葉では言いにくいことなんです。言葉では表現しにくいことなんですけど、だけど「あいだ」というのは、後から事後的にその三人なら三人の音楽が「あいだ」を作ったのだというようには言えなくって、「あいだ」という現象があって、それで初めて三人がそれぞれ主体的に出した音が、間主体性というか、間《かん》ももちろん「あいだ」という字を書きますけど、intersubjectivity というものを作るわけですよね。

――「主体になる以前の場所」というのが面白いですね。

木村 そう。それが、永井さんの考え方にどこか近いんだろうなあと思っていますけどね。うまく説明できないな……。

精神医学での間

――きっと音楽的なセンスがある人は非常によく理解されていると思うんですけれども、残念ながら私が音楽的なセンスがないばかりに詳しく伺えないところなんですが、そういう「あいだ」の概念に音楽から関心をもたれて、それを精神医学の分野でも活かされていると。

木村 うん、精神医学。つまり今言ったのは音楽の話、合奏の話ですけど、これは、こういう人と会ってしゃべるときもまったく同じことでね。誰かと誰かが会って。僕はやはりこれ、時々書くことですけど、たとえば私、岐阜県の高山で育ちましたでしょ。すごい方言の強いところなんです、高山弁というのはね。僕は、家庭の中では父親は和歌山、母親も和歌山だから、だいたい関西、和歌山弁が多かったんだけれども、家の中では。だから私も家の言葉は和歌山弁。でも、外へ一歩出たら高山弁でしょ。

――その二つは全然違うんですね。

木村　全然、違うんです。本当にこれは。もう高山を離れて長くなって、私が京都で医者をやっているときなんかでも、偶然というか、高山の昔の友達と会うことがあるじゃないですか。そうやって、昔の人と会ったときには、本当に本能的にというかな、高山弁になるんですよ。高山弁が出てくる。もちろん話題も高山の話が出てくるけれども。で、高山弁になるともう全然空気が違っちゃうんですよ。

――ええ、わかります。私も地方出身者なのでわかります。

木村　ああ、そっか。それでね、それも場所ができるほうが先なんです。

――ああ、なるほど。会った瞬間に場所ができるわけですね。方言を話さなきゃいけないという。

木村　「いけない」じゃなくて、もう方言が出てきちゃうわけですよ。

――そうですね。話さざるをえない場所が……。

木村　だからね、それで初めて二人の会話が成り立つでしょ。別に方言話さなくっても、普通の会話でも同じだと思うんです。二人が出会った瞬間というか、「あいだ」というのができちゃって。その「あいだ」がいろいろ話を紡ぎ出す。精神科なんてのはそれで成り立っている仕事ですから。患者さんと私との二人の会話からことが始まるので、会話がなければ何も始まらない。

――京都弁をふだんは話されるんですか、そうすると。京都にいらっしゃるときには。

木村　うん、だいたい京都弁ですね。

――ああ、そうですか。じゃあ今はちょっと標準語的な私に合わせていただいているような感じですか（笑）。

木村　まあそうだろうな。

——（笑）なるほど。私もちょっとこちらに来て、別の場所で京都出身の方とお話をしたので。

木村　ああ、京都弁の方と？

——はい、そうなんです。私の母が京都の出身なので、京都に来ると何か京都弁アクセントにすごく引っ張られる感じがあって。それでちょっと冒頭変なアクセントだったんですけども。わかります、その例でしたら。

木村　僕はそういう方言に関してはもうまったく、どう言ったらいいのかな、無国籍というのか、いろんなところで生活していましたから。

——そうですよね。最初が岐阜の高山市で、そのときご家庭内では和歌山弁で、小学校のお友達とは飛騨弁で、そのあと京都に移られたときには京都弁になり……。

木村　でしょうね。

——それで、名古屋にも行かれたんですね、お仕事で。

木村　名古屋は長かった。十何年も名古屋にいましたから。

——そのときは名古屋弁をお話になられたんですか？

木村　まあ名古屋弁的な、名古屋の言葉は話していただろうな。

——患者さんが名古屋弁でお話されるので、先生もそれに合わせてという感じで。そのあとまた京都に戻られるわけですよね。ということは、五語？

木村　本当に無国籍なんです。

――（笑）面白いですね。でもそこのイントネーションを合わせる能力というのは……。

木村　合わせるなんていう努力はしたことがない。

――でも、音楽的な才能がおありになったからそれが可能になっているんじゃないでしょうか。

木村　どうなんでしょう。それは知りません。

――私もいろんな方にお会いするんですけども、男性の方でいろんなイントネーションを使い分けられる方ってあんまりお会いしたことがないんですね。

木村　ああ、そうか。そうですか？

永井均さんとの接点

――女性はそのへんは何か器用に使い分けられる方を知っているんですけど。今日はちょっと珍しい（笑）、木村先生のお話を伺えて興味深いです。「あいだ」の話に戻りますと、音楽の中で「あいだ」の話に関心をもたれて、中心的な概念を精神医学の分野でも何かのヒントにされて使われていたっていうことなんですが、その中で永井哲学との出会いもあったということなんですか？

木村　うーん、だから出会いなんていう出会いはないんですよ。永井さんという人が

「あ、こんな話しているんだ」なんていうことはもちろん聞きますよね。

――いつぐらいだったんですか？　その、小耳に挟まれたのは（笑）。

木村　いつごろだったか忘れました。たしか永井さん自身が「木村敏っていう人が何か自己ということで書いているらしいけど、それを読んでイライラしたから自分の哲学を始めたんだ」というようなことをどっかで書いているらしいですよ。

――そうですか（笑）。その言葉をまた木村先生もお読みになって？

木村　それは見せてもらって読んだかもしれないなあ。

――ああ、そうですか。

木村　永井さんの本はたくさんもっているんですよ。ただ、ちっとも読まないだけで。

――（笑）なるほど。先日、永井先生にインタビューさせていただいたときにですね、ちょっと木村先生の生い立ちと重なる部分があったのでご紹介したいなと思います。幼少期に永井先生ご自身はお母様に消極的だと言われたそうで、その消極的な性格を直すために通りを歩く知らない人に道を聞くという訓練をさせられたそうなんです。[*4]

木村　ん？　何をさせられた？

――道を聞く訓練ですね。

木村　ああ、道を聞く訓練、ほぉ。

――はい。そうしたところですね、道を聞くっていう行為がすごく楽しくなっちゃった。本当は消極的だったはずなのに、積極的に人と話したいっていう両方の面をもち合わせて、のちのちその二重性が自分にあるんじゃないかっておっしゃっているんですけ

＊4　本書、二二一–二二二頁参照。

れども、その二重性の元になった体験がそれなんじゃないかっていうことをおっしゃっていて。それがすごく面白い話だなって思って伺っていました。

木村　いや、二重性は必ずあるわけですよね。

——そのことを「コンプレックスの過剰克服」という言い方をされているんです。それで、そのお話と似た話が木村先生のエッセイにも書かれてあって、小学校五年生のときに崖から転落された話ですね。岩に頭をぶつけてしまって、意識不明になられて……。*5

木村　あれはひどかったな。うーん。今でも多分、僕はそのころからじゃないかなと思うんですけど、記憶力がひどく悪いんですよ。だからどうもそのときの後遺症じゃないだろうかと思って（笑）。

——その前後で性格的なものも変わってしまったってことが書かれてあったのですが。

木村　どうだろうな？　性格が変わったかなあ。それからあとちょっと、明るくなったかもしれませんね。

——（笑）それがすごく印象に残ったエピソードで、「アドラー*6の精神分析でいうと過代償」だということが書かれてあったんです。

木村　僕が書いた？

——はい、書かれてありましたね。

木村　ふーん。なるほど。

——なので、永井先生の幼少期のお話と何か近いものがあるなと……。

木村　なるほど。全然、忘れている。

*5　木村敏、前掲書、一七九－一八〇頁。

*6　アルフレッド・アドラー（一八七〇－一九三七）。オーストリア出身の精神科医。現代の心理療法を確立した一人。著書に『個人心理学講義——生きることの科学』など。

――（笑）二重性の性格っていうところでですね、重なる部分があるんじゃないかなと思ったんです。そういう二重性が自分にあるっていうことを意識されない方が多いと思いますので。

木村　僕は二重性ということをたえず意識しますね。

――ええ。そのへんが近いところなんじゃないかなぁ、と思って拝見していました。

木村　今、結局永井さん的な言い方をすると、私として振る舞っている振る舞いのほかに、もう一つ別の私というのが必ずあると思いますね。分裂しているといえば分裂している。「アクチュアルな私」と「ヴァーチャルな私」という言い方を僕はしていますけど。永井さんは「アクチュアル」と「リアル」という言い方するのかなあ。「アクチュアルな」というのは現に働いている私ですよね。それを成り立たせている、さっきの音楽でいうとやっぱり「あいだ」ということになるのか、あるいは昔の友人に会ったときにぱっとその方言の世界へ入っちゃう。それはね、だからアクチュアルな私の行動はそれからあとなんですね。その前にヴァーチャルな、「潜在的」と言ったらいいのか……。僕は「現勢的な私」と「潜勢的な私」という言い方をしますが、その二つはぴたっといつも一緒なんですよ。一緒なんだけども同じものかというと全然違う、まったく違うもので。「あいだ」というのは潜勢的なほうなんです。現勢的な私が潜勢的な「あいだ」に乗っかって出てくるという感じかな。

――ここで今、私たちが話しているそれぞれの主体は現勢的なほうで……。

木村　うーん、どうなんでしょう。そこはそうは言えないんじゃない？

――そうは言えないですか？

木村　というのはもうちゃんと潜勢的な「あいだ」が開けちゃっているから。

――開けていますか、今？

木村　はい。もちろん開けていますよ。

――ああ、そうですか。

木村　その瞬間に開けますから。

――瞬間に。お会いした瞬間に潜勢的な「あいだ」はお互いの「あいだ」として生まれて、その「あいだ」に現勢的なそれぞれの私が乗っていると。

木村　そうそう。だから私が今、言ってみれば標準語的なイントネーションで喋っているのは現勢的な私なんでしょうね。

――それを規定しちゃっているのが私（田中）であり、その二人の「あいだ」であるということなんですね。

木村　はい、はい。

――そうすると沈むほうの潜勢的な私のほうと、永井先生がおっしゃる山括弧の〈私〉って何か近いものがあるような気がします。

木村　かもしれませんね。山括弧の〈私〉っていうのは、永井さんの場合はあれなんじゃない。山括弧の〈私〉ってのは、ああそうか、世の中にたった一人。これどっちだろう？

――（笑）どっちでしょうね。

木村　これ、どっちだろうな。

西田幾多郎の場所

木村　西田幾多郎は、あのね、永井さんの本で僕が非常に感心して何べんも何べんも読んだ本は『西田幾多郎』[*7]っていう本。

――　はあ。あれはもう……ちょうどもってきているけど。

木村　ああ、そうですか！

――　おお！　ありがとうございます。

木村　これはすごい本ですよ。こんなに真っ赤に……。

――　わあ、すごいですね！　こちらちょっとあとでお写真撮らせてください（写真参照）。

木村　すごい書き込みをして……。この本の中で永井さん書いているけど、たくさん西田幾多郎の引用をして書いておられるんだけれども……、いざ探すとなるとこれだけたくさん読んだのに、あれですが……。

――　「場所」という概念が、木村先生と永井先生をつないでいそうですね、西田を通して……。

木村　と、思います。西田に「私と汝」という立派な論文がありましてね。あのね、これ僕もしょっちゅう引用する、僕の一番好きな言葉、西田の言葉の一つなんですけど。

＊7　永井均『西田幾多郎――「絶対無」とは何か』〈シリーズ・哲学のエッセンス〉（日本放送出版協会、二〇〇六年）。

――わかりました。では読ませていただきます。「私と汝とは絶対に他なるものである。私と汝とを包摂する何らの一般者もない。しかし私は汝を認めることによって私であり、汝は私を認めることによって汝である。私の底に汝があり、汝の底に私がある、私は私の底を通じて汝へ、汝は汝の底を通じて私へ結合するのである、絶対に他なるが故に内的に結合するのである」*8。

木村 ねえ。僕も西田をすごいと思っているんですけど、西田のすごさをこれまで、西田門下っていう人たちを含めてですよ、これぐらいきちんと取り出した人はいないと思う、永井さんほど。それでね、今お読みになったところの「私の底に汝がある。汝の底に私がある」というのの「底」というのは、さっき僕が言った「あいだ」という潜勢的な場所になるのです。だから精神医学の臨床も結局は患者さんと私との二人っきりの出会いからしか始まらないので。そこでいつも場所が開けて、そこでどういう会話がなされるか。だからこの場所を無視して相手、汝ですよね、の底にある私とか、私の底にある汝とかということをまったく考えないで患者さんと出会っている。

これ、このごろの医者はみなそうだと思うんですね。客観的に、科学的にやりますから。だとねえ、全然何も見えてこない。精神医学っていうのは一人称じゃなきゃだめだということを言うんです。しかし二人称でしょ、ということを人に言われるんです。自

多くの書き込みがされた『西田幾多郎』

*8 永井均、前掲書、八八頁より。

分と患者ですか。二人称というのは何か格好いいですけどね。しかし僕は二人称ではだめだと思います。二人称では自分の底にある相手、相手の底にある自分。この底どうしを僕は「通底する」という言い方をよくしますけれども。その通底が二人称では出てこない。必ずそれはお互いが一人称でならなきゃならない。一人称どうしの、しかし、もちろん「一人称どうしだったら二人の会話にはならないじゃないか」と言われるとそれはその通りなんです。その通りなんですけど、アクチュアリティ、現勢態で見ればもちろん二人称。あるいはそれを科学的に客観的に医者が患者という三人称と出会っているという見方だってできるわけです。この場合は僕の言葉で言うとリアリティという、何というのか、それはちょっと……。まあリアリティという言葉を使いますけどね。リアリティは問題外なんですね。

—— ああ、そうなんですか。

木村 問題外なんですよ。そのアクチュアリティとヴァーチャリティ。まあアクチュアリティはたしかにある程度外から見ている。二人称的に。私と汝。その底にあるヴァーチャリティは「私と私」なんです。完全にお互い、私どうしなんです。「私と私」がぶつかって、「私と私」が交わり合って。それをやらないと精神科の診察はできない。これも僕は音楽をやっていて合奏音楽で学んだことですね。

—— 全部つながっているんですね、そこで。

木村 そうそう。

—— なるほど。最近よくお医者様がディスプレイにばかりに向かわれていて、人の顔を見て話さないということを……。

木村 それは三人称のリアリティのほうだな。

――ええ、そうした批判がありますけれども。それはもう問題外のほうですね。

木村 全然問題外のほうで、もう。

――それで、顔を見て話している中でも、お互いを二人称扱いをしている段階ではまだ足りないと。

木村 と、思います。

――診断を下すのであればお互い一人称になって、その底を流れる「あいだ」っていうものを意識しなければ、何らかの異常性は見えてこないってことですね。

木村 そうですね。

言語の主語と場所

――「あいだ」の話から、今ですね、永井哲学と木村先生の媒介項になる西田幾多郎の「私と汝」から一節を紹介させていただいたのですが、「場所」というものと私どうしを通底する「あいだ」というところが木村先生と西田哲学との接点だと思ったのですが。

木村 そうですね。もちろん場所というのは、西田の場合は、これは西田の非常に重要な概念ですけれども。述語的な、西田は私というのを普通は自己というような主語的自己と述語的自己、その述語的自己というのを「場所的自己」とも言うわけなんですよ。その主語的・述語的というのはアリストテレス[*9]あたりから来た言葉なんだろうと思います。西洋の言葉には主語がありますでしょ。日本語には主語がありませんよね。それは非常に重要なこと。西田はそのことは言っていないけど非常に重要なことです。主語があると、主語というのは必ず「私は音楽を聴く」という、「聴く」という他動詞の場合、主語が能動形の文章ができますよね。それをひっくり返すと「音楽が私によって聴かれる」という受動形の文章もできますよね。西洋にはこの二つしかないのです。能動形と受動形しか。ところが西洋語の古いかたちっていうのはインド・ヨーロッパ語族という語族がありまして。インド・ヨーロッパ、あれ簡単には印欧《いんおう》語族というな。その印欧語族っていうのは非常に古いかたち、そしてそういう言葉が話されていた時代がありまして、この印欧語族には主語がなかった。それで主語がなかったらどうなるかというと、さっきの「私は音楽を聴く」で言うと、「私は」というような主語がなかった。「音楽が、聴こえる」と言う。

――あぁ、なるほど！

木村　そうなると私というのは、文章の中に入ってこないのです。目的語にもならないんです。目的語っていうのはおかしいか。現代の西洋の言葉で言うと「音楽が私によって聴かれる」、でしょ？　印欧語にはそれもない。「音楽が聴こえる」という言い方しかなかった。それを能動、受動以外に、もう一つ中動《ちゅうどう》という、中動形、あるいは中動《ちゅうどう》態《たい》[*10]という言い方で呼ぶんですけれども、本当は中動態という名称は、能動・受動を前提

*9　（前三八四―前三二二）。古代ギリシアの哲学者。最も偉大な哲学者の一人と言われる。『オルガノン』『形而上学』『ニコマコス倫理学』『政治学』『詩学』『自然学』など、論理学から自然学まで、幅広い分野の多数の著作を残した。

*10　態（voice）は、動詞の文法範疇のひとつで、能動態と受動態が典型例だが、古代のギリシア語・ラテン語・サンスクリット語には、そのどちらでもない態として中動態（middle voice）が見られるとされる。

にして、能動・受動の真ん中という感じで名づけられていて、非常にまずいんです。ところが日本語というのが印欧語族とはまったく無関係な言葉なんですが、不思議なことに能動・受動も作ろうと思えば作れるけれども、だいたいは中動態と言われるものが非常にいろいろあるんです。「見える」とか「聞こえる」とか、能動でも受動でも。「できる」というのもそうですね。「私はドイツ語ができます」、そういう言い方をすると主語ができちゃうけど、「私にはドイツ語ができます」という、「ドイツ語」というものを言ってみれば仮の主語として立てて、「私には」という「私」は……どう言ったらいいの?

―― 省略可能ですよね。

木村 うーん、こういうのはね、言い方があるんですが……。そこのところは、たとえば「ここから富士山が見える」という言い方がいくらでもできるでしょ。で、ここにもし私が立っていれば私には富士山が見える、私は富士山を見ることになるわけですね。しかし私でなくても、誰でもいいわけでしょ。そこへ立つ人は富士山が見えるわけでしょ。場所がその場合の主人公になる。そういう中動態というあり方、これが西洋ではないことで向こうの人は非常に困りまして、それの代用品をいろいろ考えた。そうすると、とくに自然現象なんかを表わすときに「It rains」と言う。

―― そうですね。「it」が来ますね。

木村 「it」が来る。そういうね、これ永井さんもいろんなところで書いているんじゃないだろうかと思うけれども、たとえばデカルト。[*11] デカルトの「コギト・エルゴ・ス

*11 ルネ・デカルト（一五九六―一六五〇）。フランスの哲学者、数学者。近世哲学の祖として知られる。著書に『省察』など。

ム」を「我思う故に我あり」、その「我思う」のところを、まあ、英語的に言うと「It seems to me that I see」か。私は何かを見ているように「It seems to me」思われる。この「It seems to me」のことを「コギト」と言うんだというふうにデカルトは書いている。それでそうなると「コギト」という「我思う」というのを「我考える」というふうには読めなくなる。これ、永井さんもどこかに書いていたと思うよ。[*12]

――英語で言うとちょっと、日本語の「我思う故に我あり」と違うかたちで見えてきますね、視点が。

木村　ね。

――「富士山を私が見ているように思う」。

木村　私にはそう見える、そう思われるのです。「私には」という「私」ってのは主語にはならない。「私にとっては私が富士山を見ているように思われる」というか、「見える」。言葉で言うと今のその中動態で表わせるような、それが場所的な自己だと思うな。

――「It seems to me」のほうですね。

木村　「to me」のほうです。だから「I」にはならないんです。

――そのへんの「場所的な私」というのは冗長的にも感じられますよね、英語にすると。わざわざ言っている感じが。ですけど、日本語の場合は何かそれが前提となっているという感じがたしかにしますよね。誰がそこにいても見えるであろう交換可能な場所であると。省略されているんですけれども、もう自明のものとしてある感じがしますよね。

＊12　「英語的な捉え方と同じ系統に属するラテン語の表現法が、日本語のような非人称表現をゆるさず、そのことがデカルトに「私」の存在を結論させることを強いた、と捉えることはできる」（永井均、前掲書、三一頁）。

木村　そうねぇ。日本語というのは面白い言葉ですよ。

――面白いですね。

木村　やっぱり言葉っていうのは精神医学でももちろん自分と、さっき言った一人称的な自己他者関係。やっぱり、つないでいるのは言葉ですからね。言葉をもたない動物に、はたして精神病があるのかどうか。もちろんそれはもう、本当のところはわからないんですけれど。ひょっとしたらないいんじゃないかという気持ちを僕はずっともっています。

――先生のエッセイの中で、飼われていたワンちゃんが鬱病っぽいってお話がありましたよね。

木村　ああ。うーん。あれはねえ、何か鬱病っぽかったな、あれは。ひどくその、自分を責めてましたね。[13]

――ああ。飼われていた鳥が猫に食べられてしまって……。

木村　そうそう。食べられてしまって。その鳥と仲良くしていたもんですからね、その犬がね。

――番犬として役割を果たせなかったという自責の念が見えたっていうことですよね。

木村　そういうことは感じましたけどね。

――それは、犬が言葉をわかっている感じがあったのですか？

木村　どうでしょう。小さな子どものときのことだ。

――ああ、そうなんですね。今の話の流れだと「It seems to me」というデカルトが言った「我思う故に我あり」の中で前提とされている「場所」というお話を伺ったので

＊13　木村敏、前掲書、一四〇－一四二頁。

すが、そのお話はすごく西田幾多郎の「場所」ともつながりますね。

木村　と思います、はい。

――　それで、永井先生もその「場所」についてすごくクリアに書かれていて、木村先生は永井先生が解説されている西田本をすごく評価されていると。

木村　はい。もうなんか西田を、永井さんっていうのは特別扱いしているみたいですね。もう化け物みたいな人だという、西田のことをね。褒め方というか、をしていますね。

――　西田幾多郎を永井流に解説された本に、木村先生も参考にされた点があったということですよね。

木村　うん。まあ西田をこういう読み方で読んだ人っていうのはあまりないから、ひどく僕にとっていい勉強になりました。

――　「場所」の話ですよね。

木村　うーん。「場所」の話ね。というよりは私と意見がまったく一致したからということなんだろうか。こういう見方をする人がほかにあったということね。

（二〇一四年七月十八日インタビュー）

音楽と哲学で生きる方向を見定める

風間コレヒコ　*KAZAMA Korehiko*

1979年福岡県生まれ。千葉大学文学部行動科学科で哲学を学ぶ。2004年に3ピースバンド「デラシネ」を結成し、これまでに3つの作品をリリースしている。現在は障害者の自宅介助員として働きながら、ライブ活動を続けている。

■風間コレヒコさんは、週の三日を障害者の自宅介助員として働き、残りの時間をミュージシャンとして活動している。高校時代に、地元の福岡で見たアンダーグラウンド・バンド「人間」のライブに衝撃を受け、直後に友人三人でバンドを結成。ノイズやパンクを織り込んだ音楽作りが、自分が初めて見つけた「夢中になれるもの」だった。哲学との出会いは、高校卒業後に、永井均さんの『〈子ども〉のための哲学』を手にしたときに訪れる。本の内容と、小学校三年生のときに隣の席の松崎さんと話した不思議な会話が重なったのだ。「他の人にとっての色の見え方は、確かめようがないはずだから、僕が赤と言っている色も、松崎さんにとっては青かもしれないよね」と言うと、松崎さんも「そうだね」と返したという。それからクラスの友達にも、青と赤をあべこべに呼ぶことを始めた。時々、間違って赤色を赤色と呼んでしまうと、「え、風間にとっては青じゃないのかよ」と突っ込みを受けるほど、「風間君はちょっと変なやつ」という認識がクラスの中で共有されていた。通信簿には「風間君は哲学的なのは良いのですが、もう少し素直になりましょう」と書かれた。「哲学的」という言葉の意味が分からず、母に尋ねると、「あまのじゃくってことよ」との返答。その後、十数年経って初めて、永井氏の本で、自分の問いが哲学史上議論されてきたものだと知ったのだ。

幼少期からの口ぐせ、「それだったら」。機械や言葉で再現できない表現を追求したいと、あまのじゃく精神がまた開花すると、月に一度の頻度で、ソロでのライブ活動を始めるようになった。「機械で再現できないのは、自分の身体そのものなのかも」。その直感を確かめるように、全国各地のライブハウスで、今もノイズ音を響かせている。

哲学界にノイズをぶちまける快感

――先日、雑誌の主催で「哲楽ライブ」[*1]というイベントを行ないました。これは、生《きっ》粋《すい》の哲学者と哲学科出身のミュージシャンが歌い、語るライブということで、哲学科を卒業した方々や、哲学を今まさに学んでいる方々が、ご友人や恋人を連れて来られるように企画しました。風間さんもそこで朗読と、永井均先生との対談と、ノイズ[*2]のライブも披露してくださったので、その時の感想からお話いただきたいと思います。

風間　そうっすね、やっぱり対談に関してはあれでしたね、うまく説明できないなっていうか。話していて人に伝わっているときって、伝わってるなって感じが喋っていてわかるものなんですけど、あのときは、摑みきれない感じがずっとあって。音楽をやっていても一緒なんですけど、会場の空気みたいなのを摑めているときってやっぱりやっていてわかるんですけど。ふだんは、あんまり人前で話すことってないですから、あのときは、難しいもんだなっていうか（笑）。まあ自分の哲学的なアレが足りてないというのもあるんですけどね。

＊1　二〇一四年十一月二十三日に東京都目黒区のジャズ喫茶、珈琲美学で開催されたイベント。哲楽家として活動中の企業向け哲学講師の紀々さん、永井均さん、風間コレヒコさんが共演した。

＊2　ノイズミュージック。通常楽器とはみなされないものの音（街中の音、自然の音、電子音、等々）を音源として使用する音楽のジャンル。国内ではあまり知られていないが、日本のノイズミュージックは世界的に評価が高いという。

——表現する難しさということですか？

風間 そうっすね。永井先生は直感的にずばって、誰にでもわかるような言葉で言えたりとか、そういうのがすごいなあと思って。やってみて、そのへんが勉強になりましたね（笑）。

——ふだんのライブとどのへんが違っていました？

風間 ライブと全然違うっちゃあ違うんですけど。会場の空気を摑めてるかどうかみたいなところとかはすごく似てるなあと思いましたけど。うーん。まあちょっといっぱいいっぱいでしたね（笑）、あのときは。

——対談のあとにもライブを控えていて。けっこう配線が大変な、仕掛けが大掛かりなものだったので、それがうまくいくかどうかっていうのも頭にありつつお話いただいていたと思うのですけれど。

風間 ちなみにリハの段階では一回もまだ配線がうまくいっていなくて、「まあなんとかなるっしょ」みたいな感じで、リハを終えてたんですけど、本番は時間が残り五分ぐらいになってたじゃないですか。「音、出ないかもな」っていうのはちょっと思ってたけど。でも、ライブはライブですごく楽しかったですね。あのときって僕のライブで見る顔の人もちらほらいたけど、基本的にはやっぱ哲学関係の人だなあ、と。だから、ふだんノイズとかにそんなに馴染んでないだろう人たちの前でノイズをまき散らすのって、ノイズのやりがいがあるっていうか（笑）。

——怖いと思わなかったですか？

風間　いやぁ。ふだんはずっとライブハウスとかでやってるもんだから、逆にわかってる人の前でわかってることをやっちゃう面白くなさ、みたいなのがあって。哲学の世界もそうかもしれないですけど、音楽の世界もわりとやっぱり閉じてるんですよね。ライブハウスに来る人ってすごく限定されていて。企画もよく自分でやったりするんですけど、どうやったらふだん来ない人たちを巻き込めるかみたいなことをよく考えているもんで、ふだんライブハウスに来ない人たちがいるところでやれるってのは、すごく楽しかったですね。

――　私が後で聞いた話だと、哲学を音楽で、音楽的な文法というか表現の形態で表現するときに、「あ、ノイズってすごく、考えてみればぴったりだったかもしれないですね」ということを言っていた人がいて。風間さんにお願いしてよかったなと（笑）、思っていました。

風間　ふだんはああいうのをいつもやっているわけじゃないですけど。何か音楽を演奏してくれっていう話になって、何がいいかなあと思って。ふだんやってるやつとかよりも、ノイズフィードバックのほうがいいかなって思って。僕も何か、それはわかる気がするんです。

――　多分、聞いてくださっている方には、どんな感じのライブだったかイメージできないと思うのですが、どういう仕掛けだったのか、教えていただけますか？

風間　あれはそうですね、一台だけフィードバックを起こしてて。フィードバックってのは、まずテレビにはビデオカメラで撮った映像が流れてるんですけど、でもそのビデオカメラは当のテレビ自体を撮ってるんです。だから、自分が撮った映像をまた自分で撮って、みたいな、鏡を合わせ鏡にしたみたいな感じの、ずーっとこうループして、自分が映り込んじゃってるみたいな……。自分の捉えている映像世界の中に自分自身がまた入り込んじゃって、ずーっとループしていて、うじゃーってなってるみたいな感じですね。

——音はどういうふうに出しているんですか?

風間 音も同じですね。音もスピーカーにマイクを向けて。スピーカーから出てる音をマイクで拾って、拾った音がまたスピーカーから流れて、っていうのがずーっと循環して、ループして、フィードバックノイズが起こる。

僕は、フィードバックノイズは「風間くんの質問＝批判」[*3]っていうのと何かリンクするなーと思って、それであれをしようかなと思ったんです。「風間くんの質問＝批判」って、いきなりその話をしてもあれかもしれないですけど(笑)、やっぱ、何かこう、唯一の存在であるこの〈私〉を客観的世界の中の風間コレヒコとして位置づけなくちゃいけない、っていうときに起こる問題のような気がしてて。その位置づけ作業っていうのが、フィードバックしちゃっているような感じがするんです。自分が撮っている映像世界の中に自分自身がまた映り込まなくちゃいけないっていうフィードバック現象みたいな、それとリンクするなあと思って。

——「風間くんの質問＝批判」っていうのは……。これ説明するのが難しいですよね(笑)。

＊3　永井均さんがこれまで受けた批判のなかで最も有効なものとして、学生時代の風間さんの質問の内容を解説したエッセイ。「風間くんの「質問＝批判」」と『私・今・そして神』として、『講談社現代新書50周年』に収録され、ＰＤＦが公開されている。(http://gendai-shinsho.jp/content/files/anniversary_50th.pdf)

風間　簡単ちゃあ簡単なんですけどね、発想自体は。

――では、ちょっと簡単にお願いします。

風間　これ後で編集とかできます（笑）？　説明できるかな……。やっぱり一番の問題は、この人が〈私〉である、っていうことが、世界の中の事実ではない、っていうことですよね。世界の内容とは関係ないっていう。これ、時間のほうで考えたほうがわかりやすいと思うんですけど。今日は二〇一五年一月八日ですけど、二〇一五年一月八日だけが「今」で、二〇一四年の一月八日は「今じゃない」じゃないですか。で、二〇一五年一月八日だけが「今」なんだけど、二〇一五年一月八日が「今」じゃなくなったとしても、世界の内容には変化がないですよね。たとえば、二〇一五年一月八日が「今」じゃなくなって「昨日」になったとしても、「二〇一五年一月八日の山谷の天気」は変わらないし、「二〇一五年一月八日の風間の発言」が変わることもない。つまり、二〇一五年一月八日が「今」であることは、二〇一五年一月八日の世界の内容と因果関係・影響関係をもってない。ちょっと待ってください……。意外と難しいんですよね、説明するの。

――でも、フィードバックノイズの話でいうと、関連していそうですね。「今」にもう本当に入り込んじゃってて。本当に「今」が「今」なのかって言っている言葉さえも「今」の中に吸い込まれちゃってて。

風間　そうなんです。だからすべて「今」のほうに吸い込まれるっていう言い方もできるし、逆に言えば、すべて二〇一五年一月八日の風間の発言にすぎないとも言えますよね、今、僕が何を言ったとしても。だから僕が今、どんだけこの「今」について、特別な「今」について説明したとしても、「二〇一五年一月八日の風間の発言」でしかないですよね。そして「二〇一五年一月八日の風間の発言」は二〇一五年一月八日が「今」じゃなくなって「昨日」になったとしても、その発言の内容は変わらないわけだから、僕は二〇一五年一月八日が「今」じゃなくても言えるようなことしか言えない。つまり、僕は原理的に「今」であることと無関係な発言しかできないってことですね。僕が今何を認識し、何を思い、何を発言したとしても、すべて「二〇一五年一月八日の風間の認識」「二〇一五年一月八日の風間の信念」「二〇一五年一月八日の風間の発言」のほうに吸い込まれていってしまう。だから僕は「今」であることと無関係な認識・信念・発言しかもてない。そういう意味で、特別な「今」ってのは捉えることができてはならないはずのものじゃないのか、っていうのが僕の疑問なんです。

―― それは言葉にしたとたんに……？

風間 それが言葉にしたとたんになのかどうか、ってのはかなり難しい問題だと思いますけど……。

―― そこで議論が分かれましたね、対談のときも。

風間 そうっすね……。

―― 言葉の問題なのか、認識の問題なのか、何なんだ？ っていうところで答えがでないままでした。でも多分、今の説明で、わかる人はわかったんじゃないでしょうか（笑）。

風間　本当ですか？　ちょっと今のは伝わった気がしなかったです。

――（笑）その伝わらない感じの、もどかしいまま、ライブのノイズのパフォーマンスに入って、ライブのほうがみんな真剣に聴いていた気がしますね。

風間　ライブのほう？（笑）

――セットですごくよかったと思います（笑）。

風間　止まんなくなってましたもんね。

ノイズ音楽との出会い

――風間さんのミュージシャンとしての芸歴は長いんですよね。

風間　芸歴……。そうっすね。やっぱり何か、ミュージシャンって言われるところちょっと何か、照れくさいっていうか（笑）。

――何てお呼びしたらいいですか。

風間　いや、もう、何でもないですけどね。

――音楽活動をし始めたのはいつぐらいからだったんですか。

風間　音楽をやり始めたのは、もう高校生ぐらいから。

――入場料を取るようなライブを始めたのもそのぐらいですか。

風間　そうですね。

――始まったのは福岡でですよね。

風間　はい。

――そのときはお一人で？

風間　いや、いま「デラシネ」[*4]ってバンドやってるんですけど、デラシネのドラムの奴と、いま美術作家をやってる柴田祐輔って奴がいて、それで三人でやってました。

――何か最初のきっかけがあったのですか。

風間　いやもう、何か気がついたらやってましたね。ほかに何もなかったんですよね、僕。全然友達とかいなくて、みんな部活とか、勉強とか夢中になってたりしたんですけど、僕は夢中になれるものが一つもなくて、ずっと。で、初めて見つかったことじゃないですかね、多分。

――その最初のときも「ノイズ」というジャンルを知って、それをやってみたいと思ったんですか。

風間　そうっすね。ノイズって言われると、ノイズの要素もあるけど、ノイズとかパンクとかハードコアとか、初めてそういうものに触れたのは高校生のときに福岡のバンドに「人間」っていうバンドがいるんですけど、そのバンドを見てものすごい衝撃を受けて。山谷《さんや》のおっさんがステージに上がってるみたいなバンドなんですけど（笑）、とか言ったら怒られるかな？　だから、テレビの世界から入ってないんですね。初めて音楽に感動したのがそういうアンダーグラウンドでやってるバンドのライブだったもんで。だから普通テレビの世界から入ってってって、だんだんアンダーグラウンドの世界に入ってったりする人が多いみたいですけど、僕、最初からアンダーグラウンドのバンドを見

＊4　3ピースのパンクバンド。現在は、風間コレヒコ（ベース・ボーカル）、岸本大輔（サンプラー）、貞方威（ドラム）で活動している。

て感動するとこから始まってるから、そのへんは、今でも残っているような気がしますね。

――デラシネとしての活動を始めたのはいつぐらいからだったんですか？

風間　デラシネは二〇〇四年だったと思います。

――ファーストアルバムが二〇〇六年に出てまして、「Less Than TV」というレーベルです（写真［右］）。こちらはアンダーグラウンド専門のレーベルなんですか？

風間　専門なのかな？　まあそうですね。アンダーグラウンドのレーベルですね。

――そのあとに今度は映像で二〇〇八年にデラシネのＤＶＤが出まして。またちょっと飛ぶんですが、二〇一一年に「DERACINE×MIKKI & THE MAUSES」というアメリカのアーティストの方と一緒にＣＤを出されまして（写真［左］）。これは日本では「Less Than TV」から出されて、アメリカではロサンゼルスの「TEENAGE TEAR DROPS」というレーベルから出されたと。二〇〇四年から始めて、三つの作品を出されてるんですけど、多分ライブの回数のほうが多いですよね。

風間　そうですね。あんまり何か音源に興味がなくて、ライブのほう

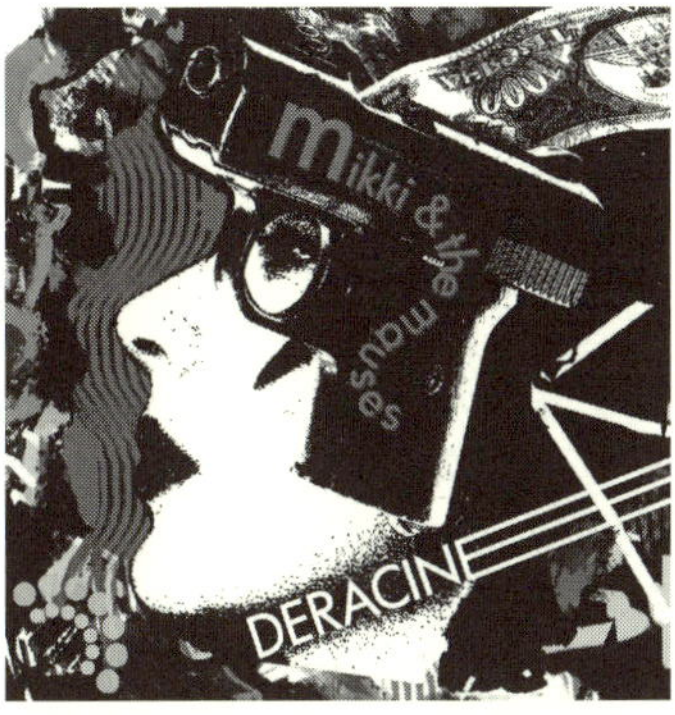

mikki & the amuses, デラシネ, 2011, less than TV

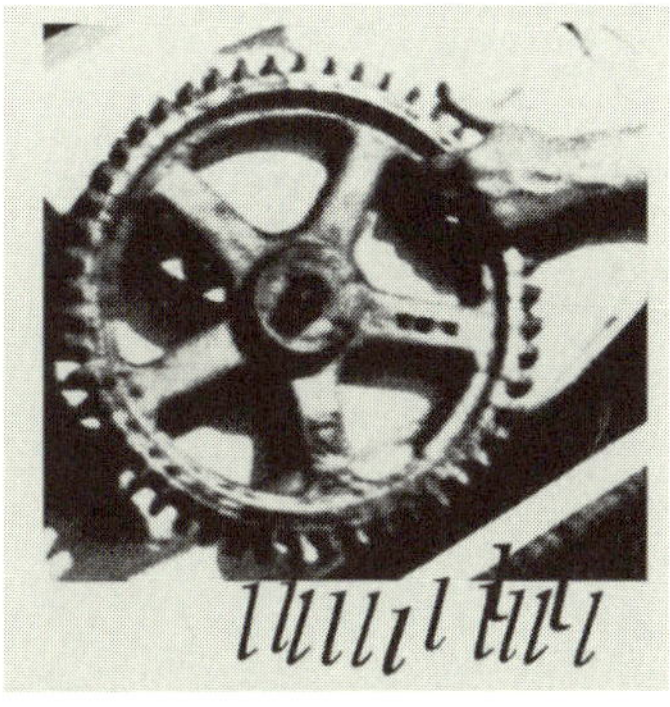
デラシネ, 2006, less than TV

が楽しいんで、ライブばっかりやってました。

――聞いたところによりますと、デラシネのコンセプトが「属さず、壊す」だと。

風間 これはもう、あれですね。最初のころに言ってたやつで。まあ「デラシネ」って言葉がそういう意味ですからね。

――フランス語の「根無し草」っていう意味だと思うんですが、何かこれを選んだ意図があったんですか。

風間 東京来て結成したんですけど、最初友達もいないし、ライブとか見にいってもみんな楽しそうにしてて、「クソ野郎」って思ってたんですよね（笑）。「楽しそうにしやがって」みたいな。「ぶっ壊してやるぜ」っていう気持ちでいっぱいでした。

――友達が欲しかったっていうことですか。

風間 （笑）いやまあ、そうだったのかもしれないですけど。

――今はあんまりこういうコンセプトは前面には打ち出していないんですか？　友達も広がってきて。

風間 あえてコンセプトにしなくても、どこにも属してないし、壊れてるような音楽をやってるんで、何かあえてコンセプトとして意識してないって感じですかね。勝手になっちゃってる。

音楽ビジネスと政治的表現を考える

―― このＤＶＤの中に、JASRAC[*5]をちょっと揶揄《やゆ》したような作品があって、音楽っていうものが誰のものなのかっていうのを問うような楽曲だと思うんです。音楽ビジネスはすごく複雑ですよね。音楽って複数の人がいっぺんに聴けるようなもので、自由に発散できるはずのものなのに、いろんな人がそこを「いやこの部分は自分のものだ」、「この部分は自分のものだ」、っていうことを言って、最終的に歌っている人の元に返って来るものって本当に一部の消費税みたいな金額が返って来る。そういう仕組みを最近知りまして。その現状を踏まえてJASRACを批判しているデラシネの作品を聴いたときに、風間さんは、「自分のものとしての音楽」というものを意識されているのかなって、想像したんです。

風間　いやいや、まあそうっすね。音楽が誰のものかって、ものすごい難しい問題だと思うんですけど……。でも著作権とかに関して言うと、何かいろいろ細かいことはあると思うんですけど、それを問題にしたがるのって、それで金儲けをしたいって思っている人たちだけで、作っているほうにとっても聴いてるほうにとっても別に大した問題じゃないですよね、もうそもそもが。僕らはもう、最初から金儲けするつもりがないから、著作権がどうだとか何だとかって、最初から儲けられないんだから関係ないっていうか。インターネットとかで、誰でもYouTubeとかで音源アップしたりとか、デラシネの映像とかも誰かが携帯でとって勝手に上げたりとかしてますけど、そういうので嫌がるのってやっぱりミュージックビジネスをやりたい人たちですよね。それをされて困るのが。僕らはもう最初から儲けてない、儲けるつもりがないから、何にも困らないっ

＊5　日本音楽著作権協会。通称ジャスラック。音楽著作権の管理を行なっている。

ていうか……。

――むしろ歓迎ですか？　ライブに来てもらって誰かが映像を撮って、それを公開しているのは。

風間　まあでも、こんな映像は上げないで欲しいなっていうのはたくさんありますけど。そういうのも何か、言うべきかどうなんだろう、って考えたりしますけど。著作権ってお金のことを別にして考えたら、残る問題は盗作なのかどうなのか、という話くらいだと思うんですけど、何かまあ盗作って、盗作したら格好悪いだけなんだから、「別に真似したきゃ真似してもいいよ、格好悪いけど」みたいな感じでしかないと思うんですよね。でも最近はそういう政治的なこととかにもあんまり興味がなくなってきてて……。

――政治の時事ネタを盛り込んだ楽曲もありますよね。

風間　デラシネはわりと政治的な発言はバンバンしていくバンドだったんですけど、急激に何か最近、政治に興味がなくなってきて（笑）。3・11以降にものすごい変わった気がするんですよ。

――自分の中で？

風間　僕の中でもそうですし、音楽シーンの中でもそうだし。3・11以前って政治的なメッセージを込めるのって、ちょっと寒いっていうか、あんまり日本でやってる人って少なかったですよね。ヨーロッパとかにツアーに行ったりすると、ものすごいみんな政治的な意見をもっていたりして、びっくりしていたんですけど、日本って、アートシーンにしてもミュージックシーンにしても、あんまり政治的な意図を露骨に込めるのって少ないし、何かちょっと寒いみたいな感じの空気があったと思うんですけど、3・11以降にもう急激に何かみんな政治的なコミットメントみたいなのをしだして。だからまあ僕はあまのじゃくだからこう、みんながしだすと、急にしたくなくなっちゃうっていうか。今やっても、正しいだけで面白くないような気がするんですよね。もう笑えない、いま政治的なメッセージを込めても笑えないじゃないですか。この原発問題にしろ、九条改正とか、そういうことって、もう笑えないですからね。そういう笑えない真っ正面に正しいことみたいなのをデラシネでやってもしょうがないな、みたいな気になっちゃうっていうか。まあ、音楽以外のプライベートの部分で政治的、社会的なことに参加するのとか、そういうのはまあまだ全然好きなんですけど……。

――ああ、そうなんですか。

風間　そうですね。選挙とか本気で悩むし、たまにはデモに行ったり、東北ボランティアに行ったりとか、まあ仕事も介助だし、音楽以外の部分ではそういうのなんかをしたりしますけど。何かこう、音楽ではもうしなくてもいいかなみたいな気になってますね。

「どう生きるべきか」と問うことで政治への関心を失う

――なぜ政治に関心がなくなったのか、という点についてはいかがですか。

風間　一つにはですね。僕、3・11の後に山谷に引っ越してきて、そのときにちょうど恋愛観とか結婚観で悩んでいたときがあったんですよ。んで、僕はアナキズム[*6]に興味が

＊6　無政府主義。国家や権力を否定し、それらが存在しない社会を望む政治思想。代表的な思想家としてP・J・プルードンやミハイル・バクーニンなど。

あったから、アナキズムの人らって結婚制度に反対していて、自由恋愛制度とか、そういうことを言っている人がいるから、どんなこと書いているのかなって読んでたんですよ。大杉栄[*7]とか、エマ・ゴールドマン[*8]とかの結婚論を読んだりしてたんですけど。いろんなこと書いているんですけど、どっかの部族やほかの生物では、家族の形態っていうのが、今の日本みたいにお父さんとお母さんがいて子どもがいて、というものではなくて、村全体の男たち、村全体の女たち、村全体の子どもたちっていうのがいて。それが単位になっているから、誰が誰の子どもっていうよりは、皆で育てて、皆で狩りに行って、皆で家のことをやってってっていう単位で。そういう部族や生物もいるし。今の日本や欧米の家族形態って、一つの選択肢ではあるけど、それだけではないよと。

　それで、現状の離婚率とかを考えても、今の家族のあり方が、本当に社会にとっていいのか、ほかの家族形態を見直すべきなんじゃないかということが書いてあって。それらのことはすごくわかるし、共感もするんだけど、僕が一番引っかかったのは、彼らが書いているのって、結局「どういうシステムにすれば社会全体にとって良いのか」っていう話をしているんですよね。結婚というシステムより、自由恋愛というシステムの方が社会全体にとって良いって話で。ちなみにアナキズムって、社会システム自体をなくそうっていう思想だとよく誤解されてるみたいだけど、実際は社会システムによって個性が殺されてしまわないような新しい社会システムを提案してるんですよ。「アンチシステム」という名前の付いたシステムというか。んで、その本では「子どもの教育にとって結婚システムと自由恋愛システムのどっちのほうが良いのか」とか、社会全体み

*7　（一八八五－一九二三）。明治、大正時代の思想家、作家、社会運動家。マルクス主義者にしてアナキスト。関東大震災の直後、憲兵により殺害された。著書に『獄中記』など。

*8　（一八六九－一九四〇）。リトアニア出身でアメリカで活動したフェミニストにしてアナキスト。著書に『婦人解放の悲劇』など。

んなにとってどうなのかっていう話をしてるんですけど。でも僕がもともと知りたかったのは、「みんなにとってどうなのか」ではなくて、「僕自身にとってどうなのか」が知りたかったんですよ。

――それは、読む本を間違えちゃった？

風間　そうなんですよ。だから、僕はどっかで今まで勘違いしてたんだな、というのにそのとき初めて気がついて。気がついた後にしてみたら、何でそういうこと勘違いしてたんだろうって思うんですけど。意外とこれって、政治的なコミットメントをしながら活動している人たちって自覚がなかったりするんじゃないかなっていう気がするんですけど。っていうか、そもそも政治的な活動を自分の人生の軸に置いてる人って、「みんなとどう生きるか」と「自分がどう生きるか」が一致してる人たちですよね。でもそれって本当は全然別の話じゃないですか。そこを僕はずっと勘違いしてたんだなっていうのをそのときに初めて気がついて。たとえばそこが一致できない人っていると思うんですよ、みんなと共存するためには自分の殺したくない部分を殺さなきゃいけなくなる人って。どんなシステムを作ったって、どんな小規模のコミューンであれ、そこからあぶれちゃう人って必ず出てくるはずで。「仲間を作る」ってことは「仲間はずれを作る」ってことの裏返しだから。デラシネじゃないけど、どこにも属せない、あぶれちゃうヤツって必ずいて、僕は僕自身がそのあぶれちゃう側の人間だっていう自覚がある（笑）。これは頭で考えた思想的にどうこうっていうより、今まで生きてきた体の感覚としてそう思う。やっぱり政治にしろ経済学にしろ哲学にしろ、頭の中で考えられた「人間像」って、リアルな人間、僕という人間からはほど遠いなって思うんですよ。だからもうアナキズムでさえもない（笑）。アナキズムよりも個人主義というか。自分の人生をどう生きるかっていうほうに興味が出てきちゃって。「みんなとどう生きるか」っていう話は、最低限のところができてたらどうでもいい、って言ったらあれですけど。そっちを向いて走らなくていいんじゃないかな、っていう気になっていて。

それは山谷のおっさんたちを見ててもそう思うんですよね。山谷の飲んだくれのおっさんたちと、山谷の活動家の人たちってものすごく近いようで実は隔たりがあるように僕は思うんですけど。活動家の人たちってみんな「日雇い労働者に仕事よこせ！」みたいなことを、玉姫公園で演説とかやったり、そういう活動をよくされていて。その活動自体はすごく大切なことだと思うんですけど、でも当のおっさんたちって、できるだけ仕事しないで酒が飲みたいって思ってる人が多いと思うんですよね。そのギャップというか。「自分が生きて行くうえで環境をどう作っていくか」という話とは全然違うところで。「できるだけ何もせずに酒だけ飲みたい」って自分の人生を楽しんでるおっさんたちのほうに惹かれていってて。政治ってやっぱり集団を動かしていくルール作りを頑張るようなもんだから。そこに興味がなくなっていってるんだと思うんですよね。個を尊重した社会作りを目指す人より、どんな社会であろうと勝手に自分を尊重しちゃってる人のほうに興味がいってるって感じですかね。

――ジョージ・ブッシュの映像を使ったライブでYoutubeに上がっていたものを拝見したんですけど。私はあの曲が一番好きで。“I love you, I need you” って、風間さんがジョージ・ブッシュに話しかけてるんですね。ジョージ・ブッシュのやり方を批判するような楽曲ではあるんですけど、IとYouでしかもLoveって、すごいなと思って。ああいう表現も今はしなくなっているということですか。

風間　あのころって、そういう揶揄をするのが楽しかったんですね。面白かったし。だけど今やっても、さっき言った話じゃないですけど、笑えない時代になっていると思うんですよね。「僕的なポイント」っていうのが、今はないというか。僕はやっぱりちょっと笑えないとあれなんですよね。良い音楽に出会ったときってちょっと笑っちゃうところがあって。「うわ、何これ」みたいな、笑っちゃうくらい異常なのが好きなんですよ。哲学も同じだなって思うんですけど、良い哲学に出会ったときって、「何でこんなアホなこと考えてるんだ、この人」みたいなのを、考えてる自分に笑っちゃったりとか。ものすごい真剣に考えれば考えるほど馬鹿馬鹿しいことを一生懸命考えてるのが、笑えるぐらい素っ頓狂なやつのほうが好きですよね。逆に、すごく良いお笑いをやっている芸人がすごく哲学的だなって思うときもあるし。そういう部分がネックなのかもしれないですね、僕の中で。

――「なんで政治に関心が向かなくなったのか」ということの理由としては、笑えなくなっている状況と……。

風間　それとやっぱり、「みんなとどう生きていくか」って話と「自分の人生をどう生きるか」っていうのは基本的には別の話だなって思い始めているってことですね。

詩の意味を考える

――デラシネの中で詞を作る人はどなたなんですか？

風間　いや、もちろん歌ってる僕が。

――その詞を曲にするのもご自身で？

風間　そうですね、作曲自体は三人で練りながら作っていますけど。

――先に詞ができるんですか？

風間　詞と曲は、僕はわりと詞だけずっと書き留めたりして、曲は曲で作って、って感じですかね。途中でこの詞をのせようっていうので曲の構成が変わっていったり、そういう感じです。

――デラシネで音楽になっているのは、無意味な言葉もありますよね。意味のある日本語の言葉が聴こえるときと、無意味な言葉遊びみたいな音が聴こえるときと、これ英語なのかな？　ってちょっと判断がつかないような叫び声と。こういうのはその場でやられてるんですか？

風間　そうっすね。最近は無意味な言葉遊びみたいなほうが、まあ無意味ってのはどういう意味での無意味なのかっていうところなんだと思うんですけど、メッセージっていう意味での意味ではなくて、詩的なほうの意味のほうが何か面白いなって最近は思ってます。

――韻を踏むみたいな、そういう意味ですか？

風間　そういう詩的なものって何か難しいですよね。僕も哲学とかやっててすごく思いますね。言語哲学とかやってると、言語哲学って言葉の意味ってのをものすごく分析していくじゃないですか。で、有意味なものと無意味なものの線引きみたいなのをものすごい頑張ってやってたりするんですけど。有意味なほうを頑張って捉えていこうっていう感じの動きですけど、どんどんやればやるほど無意味なほうの言葉の意味ってのが気になっていってて。「茶色い戦争ありました」って中原中也[*9]の詩があって、「茶色い戦争」って言われても何か意味がわからないじゃないですか、普通の意味では。戦争って物じゃないから色がついてるはずがないし。でも「茶色い戦争ありました」って言われたときに、何かを受け取ってますよね。それが何なのかがさっぱりわかんない。言語哲学みたいなのやればやるほど、詩的な言葉遣いから受け取る意味っていうのがすごい気になってくる……。

*9　（一九〇七－一九三七）。詩人、歌人、翻訳家。この詩は『山羊の歌』に「サーカス」というタイトルで収められており、青空文庫で読むことができる。

哲学との出会い

――音楽活動を始めたのが高校生のときで、哲学を学び始めたのが大学一年生だとすると、音楽と哲学に何か関連があったんですか？　音楽的なもので生まれた疑問を哲学の問いのかたちで取り組みたいなって思われたんでしょうか？

風間　哲学自体の興味っていうのは、永井先生の『〈子ども〉のための哲学』[*10]を、高校

*10　永井均『〈子ども〉のための哲学』（講談社、一九九六年）。この本で永井均氏が教鞭を執る哲学科に入学したと答える学生は多く、若い世代に大きな影響を与えた。

を卒業してプラプラしているときに見て。それまで、何かその、哲学ってのを全然知らなかったんですよ。あの本を読んで「これが哲学なんだ」と思って、ちっちゃいころにものすごく考えていたことだなと思ったんですね。僕ちなみに、そのときにその本読んですぐ千葉大に電話かけて、「すいません、永井先生っていう方、いらっしゃいますか？　話がしてみたいんですけど」みたいな電話かけてるんですけど、事務所のお姉さんに「受験してください」って言われて、でも本当に受験して、ゼミに行くようになったんですけど。

――すごいですね。そのプラプラしてたところから猛勉強が始まったんですね。

風間　そうっすね。高校時代も何も勉強してなかったんで大変でしたけど。

――じゃあ一冊の本がきっかけで、この大学のこの学科のこの永井先生のところで学ぶために勉強を始めたと。

風間　ちょっと照れくさいですけど。

哲学と音楽がリンクし始める

――その本で受けた衝撃っていうのは、音楽をやっているときの疑問とは直接関係なかったんですか？

風間　哲学と音楽に関しては、僕はもうここ最近になるまでは、ずっと完全に別物として考えていたんですよね。たとえば釣り好きのおっさんが、餃子《ギョーザ》焼くのも得意だったとして、「釣りと餃子の関係は？」と言われても「いやぁ、関係ないでしょ」っていうのと同じぐらい、哲学と音楽どっちも好きだけど、どういう関係があるのかって言われたら何の関係もない気がするな、って思ってたんですけど。ここ最近になって何かものすごいリンクしだして、すごい楽しいですね。

――それはいいタイミングだったんですね、私たちが声をかけさせていただいたの。

風間　そうかもしれないですね（笑）。

――もうちょっと前だったら、「あー、ちょっと関係ないんで」って断わられたかもしれない。それで、哲学で学んだことが、音楽の制作の中に影響を与え出したのも最近ですか。

風間　そうですね、自分の中で、何かこう、リンクして考えるようになってきたのは最近ですね。もうほんとごく最近って感じで。

――デラシネの作品の中ではまだ別々のものだったっていうことですか？

風間　あのときは、まったくリンクしてなかったと思いますね。

――今、どんなかたちでリンクしているんでしょう。

風間　いろいろありますね。フィードバックとリンクするな、という直接的なイメージのリンクもあるんですけど。今一人で映像を使ってライブをしていて。哲楽ライブでやったやつとは全然違うかたちで、それはパソコンを使ってやってるんですよ。パソコンで作る音楽とか映像っていうのが、言語哲学とかとちょっとリンクするなあと思うところがあったりとかしてて。

何かもともと音楽とか芸術とかと哲学って、若干同じような変遷を辿っていて。昔の写実主義のころとかって、物を描いてたじゃないですか。だけど哲学が認識論的転回[*11]を迎えたように、芸術の世界でも印象派[*12]って、机を描いてるんじゃなくって、机の「見え」を描いているみたいな、そういう転換が一回、同じように起こっているんですよね。形而上学から観念論になったときみたいに、自我の目覚めみたいな、世界そのものへの興味から、それを捉えている自分のほうへ興味が一回、哲学でも、芸術や音楽のほうでも、同じような転換を起こしてるんですよね。そういうところがすごいびっくりしたというか。まあそういう分野の人にとっては「いまさら何言ってんの?」って感じでしょうけど、僕はものすごくびっくりして。

言語哲学、言語論的転回[*13]みたいなのと、今のパソコンが主流になってる、デジタル化された音楽制作みたいなのって、ものすごいリンクしてるような気がして。パソコンって結局0と1ですよね。0と1で全部作られていて。つまりその、0と1っていう言語で音楽を表わそうっていうのがやっぱり元にあるんですよね。ちょっとややこしい話ですけど、もともと音楽の同一性とかって、たとえば永井先生がこの前「終わらない歌」を歌ってましたけど、永井先生が歌う「終わらない歌」とブルーハーツが歌う「終わらない歌」は同じ歌である、同じ曲であるっていう同一性があるじゃないですか。その同一性ってどこに根拠があるのかっていったら、その楽譜にあって。

楽譜って、テンポと、拍と、メロディーやハーモニーっていう要素で、作られてるじゃないですか。あれって西洋音楽の規準なんですけど、それが曲の同一性の規準に

*11　ギリシアで哲学の営みが開始されてから、ものごとの「存在」が主要な問題とされてきたが、デカルトやカント以降の近代哲学では世界を認識する主体に問題がシフトした。

*12　モネに代表される十九世紀後半のフランス絵画の芸術運動。人間の知覚を通した光の質感などが描写された。

*13　認識論が問題になってからさらに時代が進み、人間の思惟を支える言語表現に問題がシフトした。

なっているんですよね。楽譜って言語化みたいな、音楽を記号に置き直していくっていう言語化の作業だと思うんですけど、それがどこまでできるのかっていうのが、パソコンで作る音楽制作の中でものすごいとこまで進んでて。たとえば僕が今こう何かリズム叩いたとして、さをりさんも同じ譜面のリズムを叩いたとして、でもグルーヴみたいなのがちょっと違うじゃないですか。僕が叩くのとさをりさんが叩くのでは。同じ譜面だったとしても。

でもそのグルーヴの違いっていうのが、今までは何かはっきりしない、心の中にあるような何かもやもやしたものだったと思うんですけど、それがその、今もうパソコンの中で記号化できるようになっていて、僕が叩いたリズムをパソコンで一回読み取って、「風間のグルーヴの特徴」っていうのを抽出できるようになっているんですよ。一回「風間のグルーヴ」っていうのを抽出したら、別のリズムを風間のグルーヴっぽくしてくれっていうことをパソコンの中で再現できたりとかするんですよね。だから、今まで譜面に表わすことができなかった、何かもやもやっとしていたようなものたちを0と1の世界の中で表現できるようになってきているんですよね。

だからデジタル化していく作業って、心の中にあるもやもやってしたものとかを、言語の世界の中に置き換えていく作業だと思うんですけど、言語哲学もまさにそれをやっているじゃないですか。今まで「言葉の意味って何なの?」って聞かれたら、ほとんどの人は「心の中にあるイメージだ」みたいな、「『机』って言葉の意味って何?」って言われたら「何か机のイメージみたいなもの、何か心の中にあるもやもやしたものだ」って思ってたと思うんですけど、それをどうやって数学的に表わしていくか、集合論とかなんだかんだ代数的な道具を使って、言葉の意味を心の中から出して、記号、数学の世界の中で分析していく作業を一生懸命やっているわけですよね。あれって方向性としてはものすごく似てるなあと思うんですよね。だから音楽用語のほうから言うなら、言語分析哲学って言葉の意味のデジタル化作業ですよね。

―― 昔だったら、サロンのようなところに、哲学の人と、音楽の人と、絵画の人が、「今こういうのが自分たちの世界では良い感じになっているんだよ」とその場で共有して、持ち帰って活かすという感じだったと思うんですが、それを風間さんは一人でされているというのがすごいですよね。

風間 いやいや、「一人で」ってことはないですけど。そういうのを考えたりすると、そこからの方向性や自分のやっていることがものすごく明確になって。今話したみたいな、心の中にあるあやふやだったものを、どんどん記号化していく作業の中に、そういう流れの中にいるということが何となくわかってくると、だったら、アナログなほうが気になってくるっていうか（笑）。

―― 「だったら」っていうのがいいですね（笑）。

風間 じゃあ「それでできないことは何だろう」ということが気になる。僕はやっぱり0と1で置き換えられないものが気になっていて。デラシネも、機械をいじってるヤツが一人いて、あとは生で演奏しているヤツが二人いる。僕が今一人でやっている「パケ」は、パソコンで映像と音楽を流していて、完全にパソコンの中で作っているやつなんですけど。そのパケっていうプロジェクトの中で唯一アナログなのが、僕の身体だなって思うんですよ。僕の身体を使って、演奏している限り、僕の身体っていうアナログ装置を通って時間が作られている。完全にパソコンの中で自動演奏させているわけではなくて、僕の押すタイミングで鳴ってるっていうのが、僕の身体っていうアナログ装置を使っているっていうのがすごく肝だなと思って。

――そのときに、ＣＤなどの電子媒体に焼いたものと、ライブでの演奏で何か違いがあると思われますか。

風間　僕はライブが好きですね。それはもともとライブを見たのが始まりだっていうのがあると思うんですけど、ライブ見るのが好きで。

――哲学に影響を受けて、哲学的なアイディアを作品化していっているというよりは、哲学で世界の潮流を把握して、そっちではない、自分が本来求めていた方向を細く明確にしていっているという感じがしますね。

風間　そうかもしれないですね。哲学をやっていることで、自分のやっていることが明確になってきて、だったらこうしようって。

――やっぱり、「だったら」っていうのがキーワードですね（笑）。

風間　そうですね。あまのじゃくなところが（笑）。

――「みんな友達と楽しそうにやっているんだったら」で最初始まりましたけど、「今、哲学で言語哲学がはやっているんだったら、俺はノイズで」と。

風間　ノイズまきちらしちゃるぞと（笑）。僕にとってノイズって、拍子とか和音とか、あらゆる概念的な規定を拒むもののことなんですよ。だから、永井先生との対談とリンクさせて言うなら、ノイズも「ノイズ」っていう概念で捉えた瞬間に本当はノイズではなくなっちゃってて。概念的な規定を拒むものこそがノイズなんだから。でも、逆に、本当は何でもノイズなんだとも言えて。たとえば、今耳を澄ませて、換気扇の回る音が聞こえてるとして、そこから「換気扇の音」という意味を剝奪して聴くならノイズになる。ギターの音も、「ギター」とか「ミの音」とか「三拍子」とかっていう意味を剝奪して聴くならノイズになる。そういう意味では、僕のノイズの捉え方は、ヴィパッサナー瞑想[*14]とも近いところがある気がするんですよ。初めて瞑想したときに、高校生のころによくこうやってノイズを聴いてたなって思い出したりしてて。でも、音楽〔ノイズ〕が哲学や瞑想と違うところは、その概念的な規定を取っ払った生のそれを、他者に向かって語らずに投げつけることができるってところですかね。これは音楽の特権なんじゃないかなって思いますね。

―― そういう意味で冒頭のライブでの快感があったということなんですかね。

風間　そうですね。

障害者介助の仕事を始めてから

―― 最後に、今のお仕事についてもお聴きしたくて。障害者介助のお仕事をされているんですけど、いつもインタビューで何かと何かの関係というのを聴きたくなってしま

＊14　本書三四頁の注を参照。

うんですが、そのお仕事と音楽って……。すごく首かしげてらっしゃいますね、今（笑）。

風間 いや〜。

――介助のお仕事を選んだときのことを教えていただけますか。

風間 障害者の介助に関しては、僕、仕事っていうものが嫌いで、全然仕事というものができなかったんですよ。この仕事をするまでは、二、三年くらいずっと無職で。何やっても仕事になったとたんに嫌になっちゃう。だめだったんですよね。

――大学を卒業されてすぐはどういうお仕事されていたんですか。

風間 ライブハウスで働いてみたりとか。

――そういう仕事でも退屈になっちゃいますか。

風間 仕事になるとやっぱり「行くのやだなぁ」とか、「明日もかぁ……」みたいな気持ちになってたんですけど、この仕事に関してはそういうのが全然ないんですよ。

――良かったですね、その出会い！

風間 そうですね。それまでは、どんな仕事をやっても憂鬱だったし、「あと何時間で終わるんだろう、まだ三十分しかたってねえや」みたいな感じでしか……。仕事になると何でも嫌だったんですけど、この仕事に関してはそういうのが全然なくて。

――介助の仕事を始めて今、何年目ですか？

風間 今七年目ぐらいやってるのかな。

――すごい。今までのお仕事遍歴の中では最長記録ですか。

風間　そうですね。こんなに長く続いたのはこの仕事ぐらいですね。

――何が魅力なんでしょう。

風間　何が魅力なのかな……。仕事っていっても、障害者と一緒に酒飲んで騒いでるだけなんですけど。

――所属している事務所はあるんですか。

風間　いちおう、派遣事業所みたいなのがあって。そこから行ってるんですけど。入ってる人はみんな脳性まひで。脳性まひ[*15]の人って、何割かは正確には知らないんですけど、重度の人たちは施設や実家でずっと過ごされる人たちがほとんどみたいなんです。でも僕が入ってる人たちは、そういう施設で一生過ごすのは嫌だって言って、酒も飲みたいし、煙草も吸いたいし、女の子とも遊びたいし。施設にいたらそういうことができないから、施設を出て自分でアパート借りて自立生活するぞって言って、アパートで生活している人たちなんですけど。重い人では眉毛しか動かせない人もいて。そういう人たちが自分でアパート借りて、二十四時間誰か一人介助者をつけて、自分で一人で生活しているんですよね。そういうところに僕は行ってて。僕の仕事は、彼らと一緒に酒を飲んで、煙草を吸って、女の子と遊ぶこと、というところがあって。

――気が合うところがあるんですか。施設から抜け出してそういうところで自由にやりたいというところで。

風間　そうですね。いつもは彼らのことを馬鹿だのハゲだの言ってますけど。やっぱり心の底では尊敬してますね。すごいなぁと思うし。なかなかできることではないと思う

＊15　胎児が胎内にいるときから生後四週までの間に、脳のなんらかの損傷によって生じた反り返りや姿勢の異常などの運動機能の障害。

んですよね。この仕事をやっていると、いろんな人に「偉いですね」みたいなことを言われるんです。飲み屋で障害者の人と飲んでても、「ご苦労ですね～」っておばちゃんに声かけられたりして。「頑張ってね」って言われたりするんですけど。それはちょっとそんな感じでもないんだけどな、って。嬉しいけど、やっぱり偉くはない。「偉い」って感じで言われるとものすごい違和感があって。僕が〔担当者として〕入っている人で「俺は障害を利用して生きていくんだ」という人がいるんですね。んで、僕は「障害を利用して生きてるその障害者を利用して生きている」っていうか。楽しく生きてるだけですよね、一緒に。そう、彼らのすごいところは障害者であることを楽しんでるところですね。

――ライブハウスの仕事をして「毎日つまんないな」と思っていたときから介助の仕事を始めて、自分の中で変わったところはありますか。

風間　そうですね……。

――時間を守れるようになったとか。

風間　時間はもう相変わらず遅刻ばっかりしてて。遅刻すると喜ぶ障害者がいるんで、わざと遅刻しているみたいなところがあったりなかったりするんですけど。やっぱり価値観みたいなのがすごく違うんですよね。それはすごく楽しいなと思いますね。海外のバンドと一緒にツアー回ったりするときがあるんですけど、そういうときに感じる価値観の違いみたいなのと、同じような価値観の違いを感じるときがあって。二十四時間誰かがずっと一緒に居るっていう、僕らとは全然違う生活環境で生きているから。その価値観の違いがものすごく刺激になるというか。
この仕事していて一番衝撃だったのが、あんまり頑張っちゃだめなんですよ。頑張るっていうのが、普通仕事ってこうしたほうがいい、ああしたほうがいいっていう自分が良いと思うことをどんどん進んでやって行くほうがいいじゃないですか。

――目的を達成するというのはありますね。

風間 そうですね。この仕事って、障害者の人が「赤信号渡りたい」って言ったら、赤信号渡らせてあげるのが僕の仕事で、こんなに酒飲んだら体壊しちゃうだろうなと思っても、それを飲ませてあげるのが僕の仕事だと思っているんですよ。今ナンパしても、絶対引っかかんないし、寒いだろうなって思っても、ナンパするのが僕の仕事だし。単純に二つの道があって、こっちの道のほうが近くて合理的なんだけど、障害者が回り道をしたいって言ったら、回り道を一緒にしてあげるのが仕事で。「こっちのほうがいいですよ」っていう僕の意志みたいなのは、極力入れないほうがいいんですよね。だから酒飲んで体壊そうが本人の人生だし、赤信号渡って痛い目にあっても本人のせいだし。痛い目にあったりすることっていうのも、人生にとって面白みというか。痛い目にあえない人生って面白くないじゃないですか。ずっと誰かが横にいて、赤信号無視しちゃだめですよとか、お酒飲んだら体壊しますよとか、歯を磨かないとだめですよとか、ずうっと誰かが自分の行動を正しい方向に訂正してくるのって、ものすごく鬱陶しいと思うんですよ。僕の仕事はそういう仕事ではなくて。彼らが間違ったことを望んでいるときは、一緒に間違ってあげるのが仕事だと思っていて。そこがやっぱり普通の仕事とは全然違うなって思うんですよ。結果を目指してないっていうか。どんな仕事でも人間関係ってついてまわるものですけど、この仕事って活動内容よりも彼らとどういう関係の中でそれをやったのかってところが一番大事で、もうそれだけなんですよ。実際に何をやったのか、結果としてどうなったのかってところはどうでもいいんです。

――このままずっと録音回し続けたいんですが……（笑）。

風間　すみません、長くなって。

――二〇一五年一月八日がどんどん伸びていく感じがしますね。「今年の抱負は」とか、「これからどこを目指しますか」という質問をインタビューでしがちなんですが、まったくその質問が意味がないなということを、風間さんとお話していると思います。「一緒に間違いを犯してあげる」仕事をなさっていて、勉強した哲学でそっちじゃないほうを見定め、そうして進んでいるというよりは、どこか帰っているというか。原点をずっと求めているという感じなのでしょうか。

風間　どうなんだろう。あんまり自分のことを客観的に見ないでいいかなとも思っていますね。

――（笑）

風間　これって哲学と音楽の違いだなって思うんですけど、哲学ってどんだけ引いて客観的に見れるかというところが勝負だったりするじゃないですか。誰かの意見に対して一歩引いて、それはどういう意味なんだろうって考えて、批判して。今度はその自分の批判がどういう立場から言ってるんだろうと、もう一回自分で引いて。どんどん引いていってメタ的な視点で捉えていくっていう作業をしてると思うんですけど。音楽って、自分を引いて客観的に捉えるっていうことをしないほうがいいと思うんですよ。音楽をやってるときって。「引くな引くな」、「押しちゃえ押しちゃえ」、「間違ってていいから進んじゃえよ」みたいな感じのほうが面白いことができるっていうか。そこが違いかなって思いますね。

（二〇一五年一月八日インタビュー）

Ⅱ　哲学徒として生きる

二〇一〇年六月、毎年開かれる若手哲学者フォーラムに十年ぶりに参加したときのこと。帰りがけ、二十代の学生がポツリと思わぬことを言った。「哲学してるって肩身が狭いんですよね」。驚いて、近くにいた同世代の学生にも本当にそうなのか、聞いてみる。たしかに家族や友人に自分のしていることをうまく伝えられなくて、肩身が狭いと感じることがある、との返事が。

考えてみれば、哲学徒の大学への就職難は年々深刻になっている。楽しくて仕方ない学生時代を過ぎ、任期付きの職やアルバイトをしながら哲学を続けている、彼らの十も二十も上の世代は、たしかにあまり笑ってはいない。彼ら二十代はその浮かない顔を見て、「肩身が狭い」思いをしているとしたら、こりゃ、放ってはおけまい。

そもそも日本の若者が大学で哲学を学べるようになったのは、哲学そのものの歴史と比べればほんの最近のこと。古代ギリシャの諸学の祖から広がった記録が、西洋で受け継がれ、日本の明治期に西周《にしあまね》によって"Philosophy"から「哲学」として翻訳され、その存在が知られることになったのが始まりである。日本に大学ができたのもちょうど同時期なので、大学で学べるようになったこの西洋哲学の歴史は、ざっと見積もって二百年というところ。この二百年のあいだに、二千五百年あまりの西洋哲学の主要な思想が翻訳され、大学の哲学科に所属する研究者から学生へとその知識が伝えられてきた。現在、日本の大学で哲学科の看板を掲げ、西洋哲学を学べる学科は、六十以上にのぼる。そのうちのほとんどの学科は西洋哲学を主に教えており、東洋哲学は全体の四分の一程度である。

その哲学科の門をくぐった学生たちは、複数言語を縦横無尽に操り、自らの思想をまとめあげる超人的な教授陣のもとで、哲学の語りに魅せられていく。他の学問とは明らかに異なるカルチャーがそこにはある。教授と学生たちとの対等な議論が許されるのだ。年齢や性別による規範があらかたできあがっている日本で、自由な精神で問題そのものの探究ができる場所はそう多くはない。だからこそ、哲学教育の場に再び教員として戻ってきたいと願う学生たちは多いのだ。けれどこの願いは、かなり実現困難な願いでもある。哲学科を卒業し、修士や博士に進んだ学生たちのうち、大学に戻れる人の数はほんのひとにぎりにすぎない。西洋哲学を学んだ日本の若者は、研究者として大学に戻らないならば、どこでその力を活かしているのだろうか。

　ひょっとすると、肩身が狭いと感じている大学院生のイメージとは違う何かがあるかもしれない。日々の暮らしの中で哲学とともに楽しく生きる術を知っている若者もいるはず。それならば、今の哲学の姿を追いかけてみよう。生の声を拾い集めてみよう。第Ⅱ部では、そんなかたちで哲楽創刊号のために収録された二十代から三十代の哲学徒たちのインタビューをお届けしたい。

漫画「CURE・生きる」の哲学

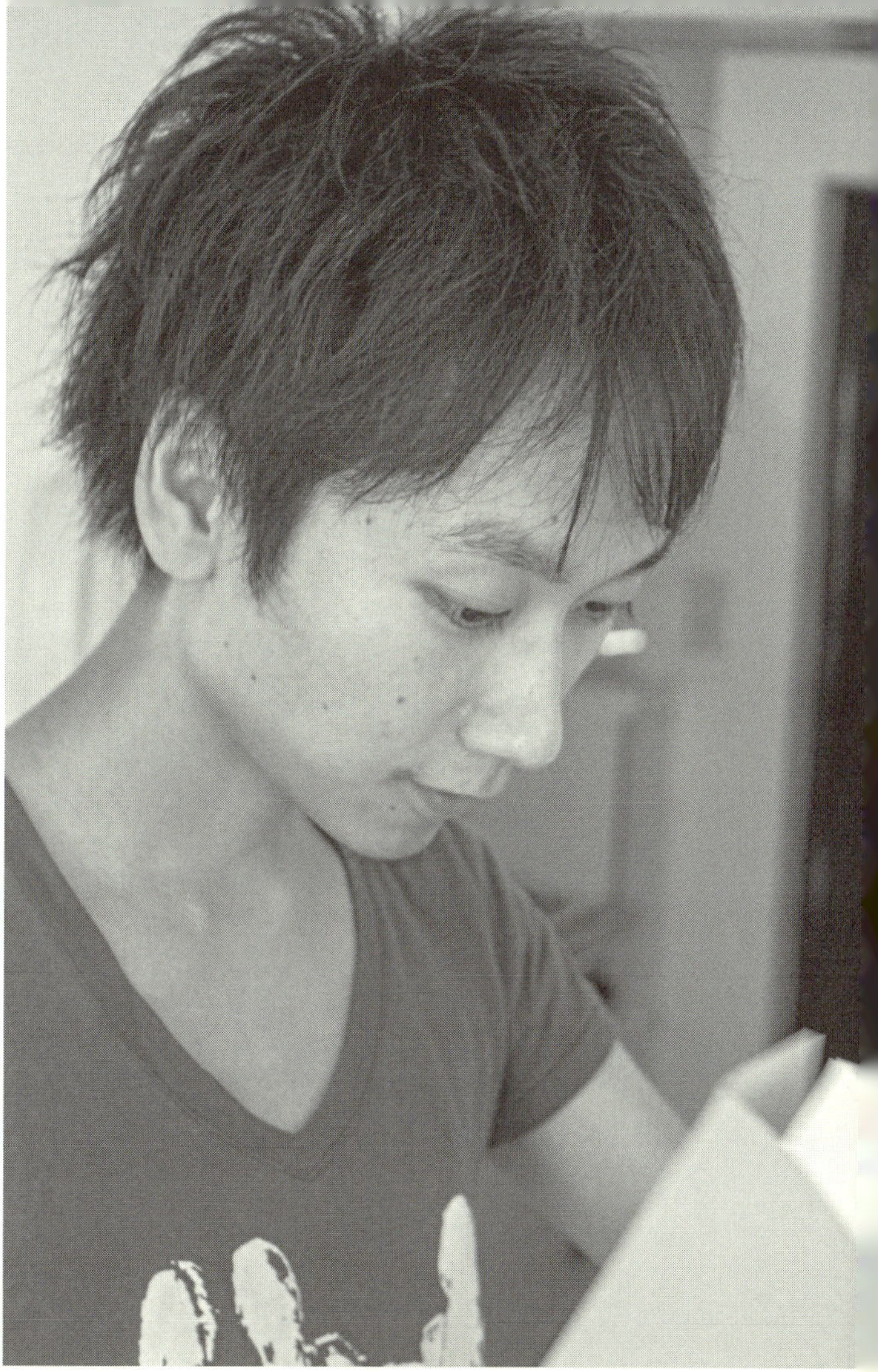

前邑恭之介　*MAEMURA Kyonosuke*

1980年鹿児島県生まれ。千葉大学文学部にて哲学を学ぶ。卒業後、NHKでドキュメンタリー制作の仕事に従事。2006年春に、漫画家の新人賞として有名な、四季賞を受賞。現在は、ITサービスの仕事のかたわら、漫画制作に精力的に取り組む。

▒前邑恭之介さんは、漫画家として活躍している。千葉大学文学部哲学科を卒業後、ＮＨＫでドキュメンタリー制作の仕事に就いた。漫画は学生時代から描き続けていて、卒業論文も漫画で提出。就職後も少しずつ制作していた作品を完成させて雑誌社に送ると、漫画家の新人賞として有名な四季賞を受賞する。受賞作品の「CURE」は、講談社『月刊アフタヌーン』の付録として掲載され、大きな反響を呼んだ。

この作品のもとになっている話は、前邑さん自身の経験を通して、これまで考え続けてきたことだ。主人公は、事故で左足を損傷した一人の男子高校生。入院から手術を経て回復していく様子が、主人公の目を通した風景や人の表情を通して描かれている。描かれているテーマは深刻なものであるはずなのに、その描写はまるで、小津安二郎の撮る映画のようなのだ。痛みと不安の渦中にある主人公の心理状況と対照的に、景色はゆるやかに、そして静かに流れる。作品制作には、哲学科で学んだことがそのまま活かされていると前邑さんは言う。事故後に回復していく人生は、事故で死んでしまった自分が見ている夢としても捉えられるのではないか。体の一部は事故で失われてしまったけれど、ではいったいどこまで残れば自分が自分だと言えるのだろうか。そうした問いに答えを見つけようとしたとき、現実と夢の懐疑論や、自己の懐疑論に関する哲学書に書かれてあることが参考になったのだという。

交通事故で体に大きな傷を負うという経験をしたあとに前邑少年が悩み続けたことは、その後哲学的な問いになって、哲学科の友人たちと議論したり、哲学書を読んだりするなかで新しい言葉になった。それがそのまま漫画作品となり、今でも読者の反応をもとにさらに多くの人に届きやすいよう修正を加え続けている。その作品に描かれる静寂は、麻酔から覚めた前邑少年が最初に見た風景そのものなのかもしれない。

電子出版で漫画を公開する

――漫画家として活躍されている、前邑恭之介さんのアトリエにお邪魔しています。前邑さんは、二〇〇六年春に、漫画家の新人賞として有名な、四季賞を受賞されています。受賞作品の「CURE」は、講談社『月刊アフタヌーン』の二〇〇六年七月号付録として掲載され、大きな反響を呼びました。この作品の続編が、パブーという電子出版のページで、公開されています。タイトルは「CURE・生きる」。現在もアクセス数は伸び続けています。その前邑さんは、大学のときに哲学を学ばれました。最初に、ホットな話題として、電子出版で漫画を公開されている[*1]ということで、その反響についてお聞きかせいただけますか。

前邑　どうもはじめまして。前邑です。そうですね。反響というところでは、今日の段階でちょうど一週間経って、二万六千PVという数値になっております。何人が読んだかということはちょっと分からないんですけれども、半数だとしても一万人くらいの方には読んでいただいている。そういうところでは、雑誌に載った場合に読んでもらえる

＊1　電子書籍配信サイトのパブーから、「CURE・生きる」が公開されている。（http：//p.booklog.jp/book/6589）

人数にもうほぼ追いつきつつある。さらに多分追い越してしまうと思うので、そういう意味では、やっぱりウェブでいつでも誰でもアクセスできる状態にしてよかったな、と思っています。あと、読んでいただいて本当にありがとうございます。

――『月刊アフタヌーン』[*2]の付録が出されたときの部数はどのくらいですか。

前邑　たぶん、講談社が公表している発行部数が公称で十万部。実質は八万部とか七万部くらい。さらにそこから作品によって読まれない場合もきっとあると思うので。私の作品に対してですけど、たぶん三万人くらいしか読んでないんじゃないかなと思いますね。

――今の電子出版がもうすでに二万PV以上ということは、今後、紙で出されたもの以上に伸びていく可能性がありますよね。

前邑　そうですね。やっぱりウェブだからだと思うのですけれど。自分が仮に「いいな」と思ったときに、すぐ人にそのURLを教えれば勧めやすいというところはあると思うんですよね。雑誌で買って読んでよかったんだけど、じゃあ友達に翌日勧めるかというと、その雑誌をもっていかないとまず伝わらない。その点、ウェブはいつでもアクセスできるから良いな、と思っています。

一生のうち二人に一人は交通事故にあう

――私も読ませていただいて、内容に関して本当に新鮮な驚きがあったところが何箇

＊2　前邑氏の「CURE・生きる」の前身「CURE」は、二〇〇六年に漫画家の新人賞として有名な「四季賞」を受賞。講談社『月刊アフタヌーン』の同年七月の付録に掲載された。

所かあったので、インタビュアーの特権としてお伺いします。
最初の一つ目。電子出版では統計のお話が冒頭にされていまして、「一生のうち交通事故に巻き込まれる確率は50％。2人に1人は事故にあいます」と。個人的には、「数としては多いな」という印象だったんです。それにしても、こういうかたちで漫画の冒頭が始まるというのはとても新鮮でびっくりしたんです。これは前邑さんご自身がドキュメンタリーのお仕事をされていたということの影響があるのでしょうか。

前邑　そうですね。多分そういうところがあると思います。なんというんだろう。これを二〇〇六年に書いていたときには、こういった要素は本人も想定していなかったし、入れていなかったんです。けれども二〇〇六年に雑誌掲載させていただいて、そのときの反響を見て、伝わる人には伝わっていたんだけど、「意味がわからない」っていう何人かのレビューがあって。「それは多分私が悪いんだろうな」と思ったんですよね。なんでわかんなかったのかということをずっと考えていたんです。交通事故とか怪我をするということがあまりに自分の生活からかけ離れていると、多分感情移入できないんだろうなというところがあって、そこらへんですごいギャップを認識したんですよね。僕なんかは自分が交通事故にあったりとか、あとドキュメンタリーの仕事で病院の取材なんかをしていたので、そういうのがわりと多いことを肌感で知っているんですけれど、一般的には実は知られていない。多分そこでギャップが生まれて、作品が読まれなくなっちゃった場合があるのかなと思って。
それであらためて調べてみたら、わりと高い確率で交通事故に遭うということが分かっていって。警察の発表だと、交通事故の死亡数とかって年々下がっているんですけど、統計上のカラクリがいろいろあるみたいで。厚生労働省が発表しているのは数字がどんどん上がっている、とかいろいろ。それは逸れた話ですけど、あいかわらず今の時代になっても、交通事故っていうのは全然減っていなくて。人が死んだりとか怪我をしたりというのがあいかわらずあり続けて、多分来年も再来年もずっと問題としてあるというところで、じゃあそういうところまで伝えられるように書こうというのがあったんですよね。

そういうときに、もともと僕は映画が好きなんですけど、映画の冒頭でちゃんと事実関係をはっきり言うというような演出を見たことがあったので、そういうことを参考にしながら入れた、という感じですね。

哲学が作品に与えた影響

――いま映画のお話が出ましたが、ソウイチくんという主人公自身の身体をいろんな視点から描いているところがあります。たとえば術後に主人公のソウイチくんが初めて立つシーンがあって、そのときに、足の裏、床下から描かれてあるシーンがありました(図参照)。これもどこかの映画で見たような手法だなと思ったのです。けれどもそれ以上にびっくりしたのは、ソウイチくんは、ある意味、前邑さんご自身でもある要素も含んでいると思うのですけれど、その彼自身をすごく多角的に描いている。そちらの行為自体が、すごくなんと言うか、アートだなと。その行為自体に「ああ、すごいな」と思ったんですね。自分自身を反映している主人公をいろんな視点から描いていくという行為がびっくりした点でした。

前邑　ありがとうございます。そうですね。これはやっぱり、それだけ多分自分がどこかでずっと考えてたんだと思うんですよね。ちなみに僕は八歳のときに電車にひかれたんですけど、それで足が半分くらいちぎれたりしたことがあって。治ったんです。治って、本人はもう治ったつもりで普通に平々凡々と中学、高校、大学と暮らしていたんですけど、でも多分やっぱり要所要所で、「なんでああなったんだろう」とか「あれは結局なんだったんだろう」というのをすごい考えてたんですよね。その中で、作品化しようとかいう意思はなく、その一つの事件みたいなのをいろんな角度から客観的に見ていくというのを、ただ本人が気になるからずっと考えてたんだと思うんですよね。検証を続けてた。多分それが、数値のところから見ていくとか客観的な描写として見ていくとか、一方では内面の心の独白みたいな一人称の視点から見てみるとか。ある事件をさまざまな角度から検証していくっていうことを、本人が人生の中でなんとなくずっとやってたんだと思います。で、それが出ちゃってるんだと思います。

――その行為自体がすごい実験的ですよね。「検証」

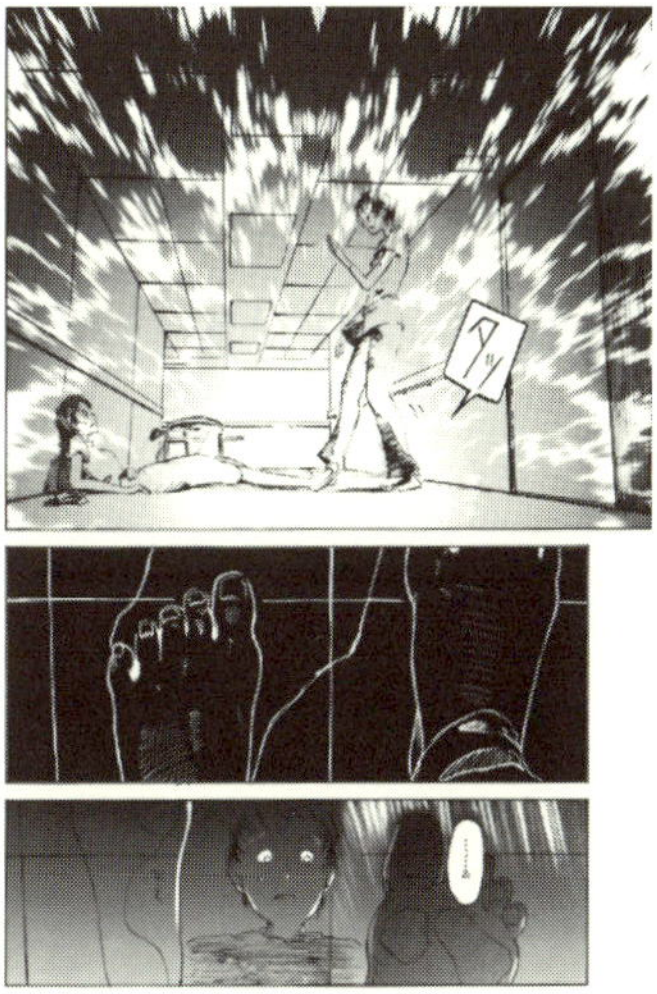

床下から描かれた主人公
（「CURE・生きる」112頁）

という言葉がありましたけど、「じゃあこういうふうに描いてみたらどうだろうか」という実験の繰り返しの痕跡っていう感じがして。作品それ自体ももちろんすばらしいんですけども、そういう行為自身がとっても実験に基づく行為だなと。実体験を作品化していく過程の中で何か哲学に影響を受けた部分というのはあるんでしょうか。

前邑　そうですね。多分にあってですね。僕は大学に入るまで哲学というものにはそんなに触れたことがなかったんですね。ちょっと図書館で手にとって読んだりしたことはあったんですけど、あんまりよくわかってなかったんですね。でも大学に入って、なんていうか、哲学史ではなくて、本当に哲学をしていく、自分で論証をしていく、考えを重ねてある一つのことを追究していくという。実践的な大学だったんですよね。まあ私が入ったゼミがそうだったのかもしれないのですけど。「哲学の歴史上ニーチェがこんなこと言ってた」とかそういうことではなくて。そういうのはむしろ捨ててもよくて、自分で論証を重ねていく面白さみたいなのを追求することが多くて。そこで学んだ手法なんかは、そのまんま役に立ってますね。

だからたとえば、とくにこの作品で役に立っているところでいうと、最初のほうは多分そのまんま哲学で学んだことが出ていて。これは永井均先生[*3]とかがやってることかもしれないですけど、「どこまでが夢でどこまでが現実なのか」とか「何をもって現実と言えるのか」とか、そういう規定が非常に曖昧だっていう問題[*4]。昔からあると思うんですけど、同じような問題がこの「CURE」という作品では出てくるんですね。冒頭のほうで主人公が怪我をして、手術室に運ばれて、麻酔で眠らされるんですけれども（図参

＊3　本書五一-三九頁。

＊4　バリー・ストラウド『君はいま夢を見ていないとどうして言えるのか――哲学的懐疑論の意義』（永井均他訳、春秋社、二〇〇六年）に詳しい。

照）、眠ったあとに起きて、そのあともいろんな人生が続いていく。そのときに僕は言葉とかでは明言してないんですけど、あたかも本当はそこで死んでしまっていて夢が続いているだけのような感じも残っているというのは、要素としては入れているんですよね。そこが明言されないというか。作品全体は最終的に、回復して、ある種の幸福になるところまで描いているんですけど、でも本当は死んじゃっててただ夢を見続けているんじゃないかっていうような解釈もできるんですよね。これは僕がそういうふうに思っているということではなくて、人の人生というのはそういうふうに解釈ができてしまうというところの可能性を僕は捨てたくはなかったので、普通に入れているという感じなんですよね。そういうふうに、何をもって現実を規定していくのかとか。

あとはこれもそうかもしれないですけど、身体のデザインが変わってしまって、自分が自分であるということをもつための確証が一個、主人公が崩れちゃうと思うんですけど、「にもかかわらず私が私である理由は何なのか」というところの問いたてというのも、きっと彼の中ではきっと発生しているんですよね。そういうのも哲学の議論としてもちろんあって。デカルトは「我思う、ゆえに我あり」と肉体から離れた考え方をしていくんですけど、何かそういうのにもわりと似た、類似した問題がすごいたくさん出ていて。そういう意味では、作品を描いていてぶつかった問いたてで、自分で考えていく

主人公が麻酔で眠らされるシーン（「CURE・生きる」15頁）

んですけど、自分なりに解答を考えていったりもがいたりしていく中で、たまに哲学の本なんか読むと、解答がわりと書いてあるんですよね。だからそのまま役に立っているときがすごく多かったですね。

―― 哲学と漫画の関係がそこまで深いとは。今身体のお話がありましたが、身体が自己意識に対してもつ影響という点で、前邑さん自身は、どれくらい身体って自分にとって意識にとって重要だと思われてますか。

前邑 今の大人になってしまった僕でいうと、そんなにウェイトがないというか。重要ではあるんだけど、そんなにこだわりはないっていう感じなんですね。多分ただそれは、私がたまたまそういう生活をしているだけだと思うんです。八歳のときに電車にひかれて身体のデザインがわりと変わっちゃったときに、ネガティブに悩んだというよりは、ただ単純に悩んだんですよね。本当に不思議な問いたて、問題を見つけたぞという感じで、哲学的な問いたてとして悩んだんです。足がちぎれても、僕は僕だったんですよね。それが子どもながらにすごく不思議だったんですよ。足がちぎれても僕が僕だということは、「手足がちぎれたり胴体がなくなったりしても僕が僕だということになるのかな」とか。「どこまで削っていったら私が残るのか」とか。「「私」っていうのは結局どこに残っているものなのか」っていうのを、そのとき普通に問いたてとして発見しちゃったんですよね。それをずっと、別につらい悩みだとかネガティブな悩みとかではなく、面白いなと思ってずっと悩んでました。悩むというか考えていた感じですね。だからそういうことがなければ、自分というものがどういうふうに規定されるのかっていう悩みとかは、普通人生の中でそんなにもつことがないんだと思うんです。けどたまたま私はそういう事件があって。多分哲学に近い問いなんだと思うんですけど、そういうのをもつことがあって、そこからいろいろ考えて、結局、ウェイトがそんなになくなったっていう感じですね。

ウェブを通して作品の質を高める

——実際に作品を公開されて感想も届けられていると思います。その感想の中にいま前邑さんが仰ったような何か哲学的な問いをもった人が読んでいるな、というケースはありますか。

前邑　読者の中にそういう方がいるんじゃないかということですね。そういうのはあると思いますね。ウェブ上のレビューもわりと読ませていただいていて。それでつまずいた方を見つけたら、それに対して修正を考えたりするんです。レビューを読んでいくとやっぱり哲学的な問いにすごいヴィヴィッドに反応している方とか見受けられて。それですごく嬉しいなって思ってました。そういう問題を私以外も意外ともっているのだっていうことを確信して、「よかったな」と。それはすごい少ないのかもしれないのですけど、「いいな」と思って。

——そういう問題意識を、そもそも「これは哲学的問いなんだ」っていうふうに自覚できるというのは、ある意味、恵まれた環境がないとなかなか実現しにくいことですよね。たとえば大学に入って哲学の研究者のもとで勉強してみるとか、そういうきっかけがなくても、ウェブで公開していくということで、こういう漫画をきっかけに「あ、これって自分で考えていることってもしかして哲学なんじゃないか」と、そういう新しいチャンスにもなってくると思うんです。問題としてみんなで共有していくことができたりとか、言語化していく行為を共同でやっていくとか、すごく新しい可能性があるなと。何か新しいアイディアはありますか。

前邑　そうですね。ウェブであれ、実際に会って話すのであれ、やっぱり自分なりにある程度「これならほかの人にもそのある程度体系がわかるんじゃないか」っていうくらい論証を重ねて、ちゃんと構成まで作って、それをベースに議論したりする。そこから発生してまた別の議論とか別の構築物とか作品ができたりすることは、当然あると思うので。僕の場合、今回はコミックという、漫画文法を使った論証の重ね方で作っていったんですけど、別に漫画じゃなくても、文章とか映画とかで哲学的な論証を重ねていって、それを人に見てもらったりとか。一方で、「ここがわかんない」とか「ここがおかしい」という指摘をもらって、そこからまた議論を重ねて、新しい議論を見つけていくっていうことはできるという気がします。

――　今ウェブが誰でもアクセス可能な環境として用意されていますが、哲学っていうのはそもそも個人的・私的な問題意識を言語化していく行為ですよね。誰とでもいつでもつながれるっていう環境が自分なりの問題意識を言語化していくうえで、プラスになる部分とそうじゃない部分はやっぱりあるように思います。若い人たちが前邑さんのような表現をやってみたいと思ったときに、ウェブに対するつきあい方について、お考えをお聞かせください。

前邑　そうですね。結論から言ってしまうと、最終的には本人次第ってところがすごく強いんだと思うんですよね。それはテレビに対しても、ウェブに対しても、映画に対しても。本当に結論から言うと、考えてしまうひとっていうのは何かしら自分の問題にひきつけてちゃんと考えを重ねていくし、そうでないひとっていうのはそれはしないんですよね。ある映画を見たときにそんなに響くものがなかったっていうのは、きっとひとそれぞれあると思うんです。それって多分、「自分が抱えているある哲学的な問いたてにはそんなに役に立たなそうだ」とか「あんまりリンクしてないな」ということなんだと思うんですね。ひとはそれぞれ多分意識していなくても自分の哲学的な問いが必ずあって、それをベースに生きていると思うんです。リンクするひとは、その作品について考え続けちゃうだろうし、リンクしなかったらほかの作品を見たほうがいいっていう感じでしょうね。

僕は今回、コミックとか映画とか小説とかの手法をいいとこ取りで使っていて、哲学的な検証を重ねて作品を作っていってます。そういうのを見る中で、哲学の議論内容を考えていったりすることももちろんできると思います。また、自分の文法を確立するために手法を参考にする。「私の作品を参考にしろ」ということではなくて。いろんな小説とかいろんな論文とか映画とかがあると思うんですけど、その中で自分にあった文法を、徐々に学習して、自分なりの文法みたいなのが構築できると自分の議論もしやすくなると思うので。とにかく、たくさん、自分が興味あるものを見ているといいんじゃないかという気がします。私がそうでした。

創作につまづいたときには

――創作活動はそういう個人的なモチベーションから始まって、結果として多くの人に届く、心に届くようなものにするために、そういう検証ってすごく大事ですが、やっぱり失敗も多いと思うんですね。最初のうちに、やってもやっても伝わらないというところが多いと思うんですね。ウェブにしても、いろんな小説にしても、「これでもない、あれでもない」って思って、やっぱり自分には表現しきれない部分があるんじゃないかって思ったときにどうしたらいいか、アドバイスいただけますか。

前邑　そうですね。僕も、作品を作ったりとか、論証を重ねていくときに失敗は多々あってですね。

さっきも言ったかもしれないんですけれども、二〇〇六年にこの作品を一回発表しているんです。そこでさまざまな問題に気づかされたというか。本人の中では、その時点で「これで完璧だ」と思ってリリースしたんですけど、読者の反響を見たら、半分は成功しているけれど半分はそもそも議論に乗っかってないとかっていう事実が発覚して。本人としてはすごくショックで打ちのめされてたんですよね。そこで問題に気がつけて、またそこから時間をかけて、「こういう問題があるならこういう修正を入れよう」とか

「議論の追加をしよう」とかっていうのがあって。人に聞いてもらったときにつまずいてしまうときっていうのがあると思うんですけど、「それは自分の論証の穴みたいなのが早く見つかってよかったね」っていうので。別にあせらずに、五年かかっても十年かかってもいいので、問いたてを捨てなければいいんじゃないですかね。

私の場合は、論証につまずいたりすることはあったんですけど、そういうときに、たまたまかもしれないですけど、友人関係とか学校の先生とかにすごく恵まれてて。ある議論につまずいたとき、その場で「こういう考え方あるよ」と提言をくれる方であるとか、私の作品とか論文を読んだあとに、論文に関しては感想を言わないんだけど「前邑くん、これ読む?」って突然本を貸してくれたりする人とかいるんですよね。説明はまったくなしに貸してくるんですけど、読んでみると僕が考えている問題にものすごくリンクしてて。そういうのが一つひとつありがたいなと思っていました。自分と近しい人でそういう友達がいたりとか、すごく本をたくさん読んでらして参考文献をすぐに引っ張り出してこれる方っていうのがきっといると思うので、そういう方を友人にもっとすごくいいと思います。私は本当にそのへんが恵まれてた気がします。

――　事故体験を作品化していく検証の行為ってすごく生活の中にも影響してきてしまうと思うんです。人はいろいろ学校があったり会社があったり。求められている人格と自分の問題を自分なりに検証していく作業と、葛藤がある部分があるかもしれないと。そういうときに自分の求められている仕事をこなしていく部分と、問題を抱えている部分を切り分けたほうがいいのか。あるいは「両方自分なんだ」って自分で受け止めて、自分なりにこなしていったりしたほうがいいのか。生活に対する創作活動の影響というか、心構えについて教えていただけますか。

前邑　そうですね。私は別にものすごく優れているわけでも、たとえば作家としてものすごく地位が確立しているのかというとまったくないと思います。普通の人なんです。これは一般論とかではなくて、自分の人生を振り返っての話なんですが。私、とくに若いころとか十代後半のときは、世の中に対して非常に腹が立ったりすることが多かったんですね。それはなんでかっていうと、自分の考えていることと社会一般で考えられていることが全然マッチしていなくて。僕から見ると、相手のほうが明らかに間違っているような印象をもっていたんです。それは年を重ねて、いろんな本を読んだり、議論を重ねていったりする中で、そもそも何が正しいとか何が間違いって論証をすること自体の問題であるとか。相手と僕の議論が違った場合に、いかにその相手の価値観の中で自分が考えていることを理解してもらうかっていう工夫をどんどん重ねていって。すこしずつ相手にすり寄っていくんですけど。すり寄っていくというか、向こうに私が溶けていくんですよね。そういうふうにしていくと、向こうにとっても喜ばしいだろうし、僕にとってもその作品の普遍性みたいなのがどんどん獲得できて。まあ百人いたときに、最初は二人くらいしかわかってくれなかった作品が、だんだん徐々に、いろんな人と会って、その人の価値観を吸収していく中で、百人中三十人くらいわかるようになってきたとか。そういうふうに徐々に増やしていけるといいなという気がします。

——最初の一回目の試みが、だんだん普遍化されて、作品を書くという行為を通して、穏やかな心でいろんな生活を送れているというお話、たいへん興味深いです。

前邑　具体的に話したほうがいいのかな。さっきから抽象的な話しちゃったかなと思って反省しているんですけど。

伝えるために自分の先入観を破壊する

具体例でいうと、これは僕の作品につながった話なんですけど、たとえばの話で。たとえばこの作品でいうと、怪我をした人っていうのが主人公であったりとか、病院を舞台にしているということもあって、病気とか怪我をもっている人がわりと中心となって出てくるんですね。それを描くときの話なんですけれど。

僕なんかは自分がこういう作品を作る前から、一般に見られている映画とか小説とか本とかに対して、「なんでこういう書き方しないんだろう」というのがひとつあったんですね。それは具体的にいうと、たとえばNHKのドキュメンタリーで「今日は障害をもった方のドキュメンタリーを放送します」というような感じで、番組が一時間くらい作られたりしていて。それはそれなりに視聴率をもって、社会を変えていく力をもって世の中を良くしていこうとしているんです。でも僕なんかは、健常者と身障者の両方の立場をもっている立場として、そもそも議論が不思議だったんですよね。何がっていうと、「今日は身体に怪我がある人の話をします」って言って始めちゃった時点で、一般の人からすると、「私と関係ない問題だ」っていうふうに見られちゃうんですよね。それのリスクっていうのが実はすごい大きいんじゃないかっていうのが前から感じていて。なんていうか、議論の始め方っていうのがすごい大事なんですよね。「自分にも起こる問題だ」って話されるのと、「これはあるめずらしい病気にかかった人の話です」って言われて始めるのでは、まったく、人生に対する影響力は全然違うので。まじめに聞くか聞かないかとか、その映画で出た結論に対して、どう受け止めるかまで変わってしまうんですよね。

これも例なんですけど、これはちょっと気をつけて言わないといけないことなのですごくていねいに言うのですけど。老人の問題っていうのは、老人介護の問題とかいろいろあると思うんですけど、ああいうのがわりと扱われやすいのは、自分がいつか老人になるからなんですよね。でも一方で、エイズであるとか、自分がかからないこともある「病気」の社会問題はそれなりには扱われるけど、老人の介護の問題とかに比べるとわりと扱いが小さかったりする。それはやっぱり自分とそんなにリンクしないって思われちゃってるからなんですよね。同じように障害、身障者の方の問題についても、NHKとかでは番組放送されているんですけれども、一般の民放であるとか新聞とかで毎日扱うかというと、そこまでの優先度では扱われていない。それは何でかっていうと、そもそもそれが自分にリンクする問題だっていうふうに思われないからなんですよね。実際はそうなんですけど、そういうふうに理解して記事を書いている方とかがすごく少ないんだと思うんですよね。だから、もしある社会問題を見つけたときに、本当に一般的にはそれがすごく少数の人の問題であるかもしれないんですけれども、でもそれがすごく検証を重ねていったときに、もしかしたらわりと全人類に関わる問題なのかもしれないっていうふうに切り口を見つけたとき、それは多分、非常に議論のレベルが上がる瞬間だと思うんですよね。何でもそうなんですけど、やっぱり自分とか自分のまわりの人にリンクする問題だって思われたら、社会の扱いも優先度が急に上がったりするんだと思うんですよね。これは哲学のすごい難しいとこかもしれなくて、私一番悩むとこなんですけど。議論を始めたあとに、その論証を重ねていくというテクニックとかそういうのもすごい大事なんですけど、最初に、そもそも自分がもっているスタートラインにもっていた、ある種の先入観とかを破壊して、ちょっとさらにその前に戻って検証を始めるとかっていうのができると、何か殻を破ったような瞬間を得られるという気がします。

（二〇一〇年八月二十二日インタビュー）

ウィトゲンシュタインと臨床哲学

中川雅道　*NAKAGAWA Masamichi*

1986年京都府生まれ。大阪大学文学部を卒業後、大阪大学大学院文学研究科博士後期課程単位取得退学。在学中に臨床哲学を学びながら、学校、映画館、病院などで対話の実践経験を積む。現在、神戸大学附属中等教育学校の教員としてp4c（子どもの哲学）に取り組んでいる（http://p4c-japan.com）。

■中川雅道さんは、中高一貫校で国語と道徳を教えている。このインタビューのためにお会いした二〇一一年当時、中川さんは大阪大学大学院で哲学を学んでいた。「哲学を学ぶ」と言っても、哲学者の鷲田清一さんらが立ち上げた臨床哲学研究室での教育は、ほかの大学で哲学を学ぶのとは少し違った雰囲気をもっている。教員は学生たちにまずこう言う。「先生と呼ばないでください」。そして、学生たちは街に出て、哲学の「語り」を続けるのだ。もちろん、大学内では、文献学的な教育も行なわれ、学生たちは哲学書を読む。しかし、それ以上の時間を、彼らは、学校、病院、映画館などで街の人びととの対話に費やすのだ。

二十代の中川さんの「現場」の一つに、映画館がある。ミニシアターで映画を観たあと、喫茶店に集まった人たちと映画について話すのだ。哲学者の特徴として、「未知なものに抵抗が無い」ことだと中川さんは言う。それが、普通の映画サークルでの対話とは違う空間を生み出している。学校や、病院にも、中川さんは同じ姿勢で、入り込む。そうした積み重ねを経たその雰囲気は、宗教書と格闘しながら、街で修行を続ける牧師さんのようでもあった。中川さんが喫茶店やバーのマスターだったなら、間違いなくその店ははやっているだろう。

小休止を打つ。そんな時間を過ごす場所は街の中に埋め込まれている。学校や職場で、同僚やクラスメイトと過ごす時間とは違う質のものを、人びとは求めているからこそ、そうした場所は残り続ける。ある人にとっては、それが本屋さんかもしれない。別のある人にとっては、映画館かもしれない。一人でゆっくり物思いにふける時間。中川雅道さんは、それを見知らぬ人とも共有できる「仕掛け」作りのプロなのだ。もしこんな先生が中学時代にいたなら、人生が変わっていただろうと思う。

臨床哲学と哲学カフェ

——本日はこのインタビューが始まって以来初めて、関東圏を脱出して関西圏に来てます。場所は、大阪大学文学研究科がある豊中キャンパスです。大阪大学で哲学が学べるところといえば、臨床哲学[*1]という分野の研究室があることで有名です。臨床哲学とは、医療や教育、介護などの現場での問題を掘り起こしながら、哲学する分野です。今日はそちらの修士課程に在籍中の現役の学生さんである中川雅道さんにお話をお伺いします。

中川さんにお会いするのは、実は今日で二度目なのですが、最初にお会いしたときに「なんだか修行中の牧師さんのような方だな」という印象をもったのを覚えています。とても謙虚で温かいお人柄の方です。そのお人柄や背景にある哲学の魅力に迫りたいと思い、さまざまな活動の調整でお忙しいところ、今日は無理を言ってお時間をいただきました。

中川さん、最初に、映画を見たあとに開かれる哲学カフェについて教えてください。大阪の地下鉄中央線九条駅からすぐの「シネ・ヌーヴォ[*2]」そばの喫茶店で行なわれてい

＊1　鷲田清一氏の呼びかけで、一九九八年に大阪大学文学部内に発足。

＊2　一九九七年に市民株主による出資で大阪市西区に設立されたミニシアター。

るということですが、そのお話を最初にお聞きしたいと思います。良い意味でマニアックで、年代物の映画なんかも上映されているんですが、ここではどんな哲学カフェの運営をされているんでしょうか。

中川　まさに仰る通りで、すごくマニアックな映画が多いです。だから逆に、普通の映画に飽きた人が個々で行かれるような映画が多いというのも確かです。そういう映画を見たあとに近くの喫茶店に移動。入出自由ということでやっていますけれども、まあ二時間ほど。映画について話すことをスタートにしています。実はだいたいそうなんですけど、映画って見た人によって何を見たかがずいぶん違う。そこで「なんでそういう意見が出てくるのかな」というのを考えていると、その映画に映画監督がうまく仕込んだ仕掛けみたいなものが少しずつ見えてくるときがあるんですね。「そういうことをスタートにして哲学できないかなぁ」と思って始めたのがこの企画です。

――　企画自体は、臨床哲学講座のほうですでにあったものを引き継がれたというかたちなんでしょうか。

中川　臨床哲学の修士を卒業された田中さんという、いわゆるひきこもりの支援をする職業をされている方がおられます。その方が、そういう少年たちに対する職業訓練みたいなものの一環で、映画館で働いてみるという企画をしたのですね。それで「シネ・ヌーヴォ」さんと協力したことがありまして。その話で、「こういう映画館と知り合いなんですよ」というのがあって。「じゃあちょっとやらしてくれないですか」という交渉をもっていったら、快諾されたという感じですね。

―― 中川さんご自身が交渉に当たられて。以前からコネクションがあったというお話なんですが、ご自身で企画を立ててもっていかれた？

中川 そのときは交渉は田中さんがやられたんですけど。まあ最近は僕が交渉してますけど。

―― なるほど。哲学カフェの内容についてもう少し詳しくお話したいんですが、集まられる方の年代はだいたいどうでしょう。人数は一定の数なんでしょうか。

中川 時間とか場所によってずいぶん変わるんです。基本的には誰でも来ていいということになっているので。学生さんや、最近は高校生の方も来られています。サラリーマンの方も来られるし、主婦の方が子ども連れで来られるというのも、けっこうあるんです。でも比較的、壮年の方が多いですかね。「退職して時間があるから来ました」みたいなおじいさんが来たりしますね。

―― たとえば自主的に映画サークルみたいなかたちで市民が集まって、「この映画どうだったか」ということを述べあう場所もあると思うんです。けど、そこに哲学を学ばれてる学生さんであったりとか研究者の方が来て、「私が司会を担当します」ということでその場を調整したり仕切ったりする。市民が自主的に集まる場と、そういった哲学者が介入していく場で、何か違いがあるのでしょうか。

中川 それも難しいんです。たしかに映画に関しても市民サークルみたいなのとか映画同好会みたいなのとかで集まっておられる方はおられます。けれども基本的にそういうものって、だいたいクローズドになってしまうんですね。だいたい知人のあいだで回したり、だんだん話が合う人しか来なくなる。そういうことになりがちなんじゃないか。僕らは比較的、傾向として未知なものっていうのにあまり抵抗がない。むしろ未知なものを知りたいと思う傾向があると思うんですね。それで、誰でも来ていいというのは重要な意味があるんじゃないかなと思っています。そこで本当に初めて合ったひとが、お互いの背景をちょっとずつ出しながら話していく。もちろん、もしかしたら、ふだん集まって深い話ができるというのにはなかなかなりにくいのかもしれない。ですけど、それとは違った、今まで見たことがないものを見るような経験ができるんじゃないか。そういうふうに僕は思っています。

哲学カフェの活動なしには学生生活はなかった

――別の場所でも哲学カフェを開催されているというお話を伺いまして。日本ホスピス在宅ケア研究会[*3]というところで、看護師さんと介護士さんとの対話の場ということで哲学カフェを開催されたということなんですが。そちらの様子はどんな感じだったんでしょうか。

中川　これは「すごい経験をしたな」っていうことなんです。研究会のテーマ自体が「命の終わりに耳を澄ます」っていうテーマ。看護や介護でも比較的重い部類の話ですよね。「本当に命が終わりにきている方々へのケアというのはどういうものなのか」っていう。それはもう、なんて言ったらいいんですかね。たとえば発表のとき、若い看護

＊3　一九九二年に発足した、終末期の医療と在宅福祉サービスについて学ぶ場。(http://www2.toshiseikatsu.net/hospice/)

師さんが質問して手を挙げたんだけど、途中で泣き出してしまうみたいな。「正直、一年ぐらい看護師をやったけれども、ちょっとつらい」ので泣き出したりされるような、そういう研究会だったんですよね。これは僕も先輩が何度か毎年やられていることを引き継いだかたちでやったんです。「哲学カフェで自由に話しましょう」となったときに、話がふだんやっているようなテーマとは非常に違っていました。重いと感じるひとが多いようなテーマが多かったですね。たとえば看護師さんであっても、「命の看取りを今まで職としてやってきたけれども、自分の父親を看取るときになって、本当に今まで自分がやってきたことはよかったのか」と自問される方とか。声を震わせながら話される方が多い回でしたね。

―― お話を聞いて、それに対してどういうことを心がけて応答されたんでしょうか。

中川 たとえば「今まさに目の前に亡くなられそうな方がいて、その方にどうしたらいいか」とかそういう質問には、僕ぐらいでは答えてもなかなか。答えもさほどないと思うんです。やっぱりそこは、看護師さんたちが集まっているので。自発的な発言の中にはたとえば、「私はたしかに同じような経験してきたけれども、どこかでやっぱりこれでいいんじゃないかなと思える地点がいつもある」というふうに仰っている方もいました。たとえば「もっといいこととしてあげれたみたいに思ってしまう。けれども職業として続けていくためには「これでいいんじゃないか」っていうふうに納得する場面がないとやっていけなくなってしまう。だからそこはそういう気持ちでやったほうがいいんじゃないか」とか。そういうアドバイスは比較的自然にぽろぽろ出てくる感じですかね。

だから僕自身が何かすごい答えを出せるとか言えるとか、そういうことはあんまりないというのが、現実っていう感じですかね。

―― 最近出された『ドキュメント臨床哲学』[*4]という本の中で、学生さんたちがそういう普通の学生生活では体験しないような対話の場に出かけていって胃が痛い思いをするということが書かれてありました。学生さんとしては自分の研究にとって、そういう場で対話をしたということは何か得られるものがあったという思いがあるんでしょうか。

中川 僕は正直、これなしには自分の学生生活はなかっただろうなというぐらい影響を受けてますね。僕は個人的には、哲学は、自分の、あるいは自分のでなくても身近な経験があって始まることが多いんじゃないかと思うんですね。たとえば死の問題にしても、身近な人が死んだり、自分が死ぬんじゃないかと思ったり。そういうわりと身近なところから始まるものなんじゃないかな、と思っているんですね。でも哲学者の悪い傾向で、だんだん慣れてくると、すごい技術的な議論とかに走るんですよね。もちろんそれはやっていいと思うんです。それはすごい意義があることだし、すごく良いと思うんです。でもこういう対話の場とか、本当に今まさに渦中にある人とか、哲学的な問いみたいなものを問いかけてしまうような――たとえば、「終末期の方に対していったいどのようなケアが適切か」というのは僕は非常に哲学的な問いだと思うんですよね――そういうものに巻き込まれている人に対して何が要るのかというのは、やっぱり頭をよぎりますよね。いつも論文を書くときは現に哲学している人に向けて書くんですけども、やっぱりそういう渦中にあったりする人のことを頭において書くというのは、ずいぶん違うん

＊4 『ドキュメント臨床哲学（シリーズ臨床哲学1）』（鷲田清一監修、本間直樹・中岡成文編集、二〇一〇年）は、臨床哲学の活動記録。

じゃないかと思うんですね。ちょっと難しい。なんともいえないという感じです。

――これまでの哲学のスタイルだと、同じ医療とか介護とかというテーマを扱うにしても、文献を中心にすでに書かれているものを読んで、関連する文献情報をどんどん読んでいきながら、何らかの普遍的な原理というものを哲学という立場で掘り起こして、それをまた記述していくというスタイルが多かったと思うんです。いま中川さんのお話をお伺いしていて、そこには「身につまされる思い」というのがどうしても少ないというのは、本当にその通りだなと。中川さんご自身は学部のときから哲学を勉強されているということなんですが、臨床哲学でそういった対話の活動をしなかったときの自分と、対話の活動をし始めたころの自分と比較してみて、書いたものはどんな感じで変わってきていると思いますか。

中川　そうですね。具体的に言うのはけっこうあれなんですけども。語彙《ごい》は変わりましたよね。語彙はもうだんぜん変わりましたね。すごく衒学的《げんがく》[*5]な語彙、自分には学があるよっていう語彙ってあるじゃないですか。そういう語彙ってやっぱり使う理由はあって。やはり同業者向けに書くときは、そういうのを知っていてほしいし、知っていれば話が早いわけですよね。でもそういうのはあまりしなくなりましたよね。そういう人たちから見てレベルが低いと思われるような語彙でも、僕は個人的には、そっちのほうがより多くの人に伝わる語彙のほうがいいんじゃないか。そういう書き方をするようになりましたね。あと文章も、なんとか読みやすく、なんとか読みやすくっていうのを心がけるようにはなりました。

＊5　知識をひけらかすさま。

――実際、今書かれてあるものを現場の方たちに読んでいただくということがあるんですか。

中川　今のところはまだあまりないですかね。哲学カフェの報告なんかを、もうちょっとオープンにブログ[*6]みたいなかたちでみんなで書いていこうかという話にはだんだんなってきています。けどそこまで行っているかと言われると、なかなか、というのが現実ですかね。

――哲学の学生さんたちとしては、そういう現場で哲学カフェという場を作って、現場の声を聞いていくというのはたいへん貴重なものだというのがすごく伝わってきました。現場にいらっしゃる方にとっては逆に、哲学を学んでいる学生さんとお話することはどんな意味があると思いますか。立場が違うので答えにくい質問かもしれないですけど。

中川　けっこうそれも難しいですね。やっぱり面白がられるのは多いですけどね。哲学って、やっぱり、比較的若い人よりも、職業体験されたような方で「ちょっと興味がある」という方は多いですね。「どんなことを勉強しているのか」ということもよく聞かれますし。

でも、なんていうか。対話を作るということに関していうなら、哲学カフェというのを何度もやってきてて、「こういう場所を作ればこういう感じの話になるんじゃないか」ということはちょっとは言えるようになってきました。なのでそっちで評価されたりはしますね。公的な機関、たとえば国際交流センターみたいなところで人を集めるのって

＊6　Café Philo のブログは、現在こちらのURLで公開されている。(http://cafephilo-diary.blogspot.jp)

難しいんですね。「市民を集める」って抽象的に言ってみても、「市民、集まってください」って言って集まってくれる人はなかなかいないわけで（笑）。そういう意味で哲学カフェってすごい不思議な媒体なんですよね。哲学という誰にでも関われるようなもので人がたくさん集まるので、よく「すごいな」って言われるっていう感じですかね。やっぱり人を集めるっていうのがいかに難しいかっていうことなんだと思うんですけど。最近はメディアにけっこう取り上げられてきて、「哲学カフェ」っていうふうに言うだけで人が三十とか毎回定期的に集まってきてくれる感じがあります。なんていうか、「やっぱりみんな、意外と哲学に惹かれているんだ」っていうことは思いますね。そういうふうに話してみたい。そうですね、「幸せとは何か」ということについて人の意見を聞いてみたり。そういうニーズってあるんじゃないかなと思いますけど。

ウィトゲンシュタインの「治療」を考える

――哲学カフェの話題からもともとのご専門のお話に移りたいと思います。ご専門はウィトゲンシュタインを研究されているということで。そもそもウィトゲンシュタインに関心をもたれたというのは、どんなきっかけだったんでしょうか。

中川　そうですね。もともとちょうど僕が学部に入るくらいのときに、野矢茂樹[*7]さんによるウィトゲンシュタインの新訳[*8]が出ていて。「えらく薄い本だな」と思って。「これならいけるんじゃないか」と思って、手にとったのが最初ですかね。それで読んでみると、

＊7　（一九五四–）。哲学者。東京大学教授。本書一五頁の注で紹介した大森荘蔵に師事した。論理学の入門書を多く手がけ『新版　論理トレーニング』は広く読まれている。

＊8　『論理哲学論考』（野矢茂樹訳、岩波文庫、二〇〇三年）。

「なんてわけのわからない人だ」と思ったのが最初ですかね。でも難しいこともめちゃめちゃ言っているんですけど、最後のほうになると、死とか幸福とか倫理とか、そういう主題について実は考えたかったんじゃないかっていうような文章とか散見されたりして。わからないから逆に惹かれたんですかね。ここまでして何を考えたかったんだろうっていうのが最初じゃないですかね。

―― ウィトゲンシュタインっていうと、わりと言語ゲーム[*9]のところをテーマに書かれている方が多いと思うんです。中川さんの場合は、ウィトゲンシュタインの倫理性について焦点を当てて原稿を書かれていまして。実はこちらに来る前に、書かれている原稿をお送りいただいたので。そちらからどんな雰囲気かっていうのをみなさんに知っていただきたいと思うのですが。『哲学探究』[*10]から少し読み上げてみたいと思います。

「私が誰かを買い物にやる。彼に「赤いリンゴ五つ」という記号の書いてある紙片を渡す。彼がその紙片を商人のところに持って行くと、商人は「リンゴ」と記された箱を開け、次いで目録の中から「赤い」という語を探し出して、それに対応している色見本を見つける。それから彼は基数の系列――それを彼は諳んじていると仮定する――を「五つ」という語まで口に出し、それぞれの数を口に出すたびにサンプルの色をしたリンゴを一つずつ箱から取り出す」。

中川 この訳は、関口浩喜さんという方が論文[*11]のなかで訳されてた訳をそのまま使っているところです。

―― わかりました。ここだけ読んでも、普通の小説の世界に入ったような、すごく文

＊9　ウィトゲンシュタインの提唱した、言語活動をゲームとして捉える考え方。

＊10　本書一五頁の注を参照。

＊11　関口浩喜「ウィトゲンシュタインの始め方――『哲学探究』の冒頭をどう読むか」、『ウィトゲンシュタイン読本』(法政大学出版、一九九五年)一五四頁。

学的な引用だったんですが。このお話を冒頭に引用されながら、ウィトゲンシュタインの「治療」という概念について、今度ご発表される原稿を読ませていただいています。「意味というのは一連の規則のことか」と対話者が聞いたとしても、「意味」のような名詞に対して「これが意味である」と示すことができる何かを探さなければならないという誤った考えがなければ、そんな問いを発する気にはならなかっただろう。」そういうようなことを言っているんですね。どういうところでここがひっかかって、このテーマを選ばれたんですか。

中川　そうですね。ここはあまり『哲学探究』の中では語られていない部分なんですね。もっと時期が前の『青色本』[*12]とかにさかのぼってみたのも、そうかという感じのところなんです。どちらかというと、さっき読み上げてもらったリンゴのゲームみたいなものが『哲学探究』ではズラーっと並んでいる感じ。ズラーっと言語ゲームと呼ばれるものがはしばしでいろんなところで並んでいて、「この例を見てみよう」とか、そういうことばっかり言うのです。「そもそもなんでこんなゲームを出す必要があったのだろう」、そういうわりと素朴な実感で「なんでなんだろうな」と思った。「そういう明らかなものを見せられても、いわゆる哲学的な問いを出してしまうのはなぜか」っていう関心だったんですね。でもその問いって実体があるのか。そういう関心です。

——　言語ゲームというものに対するウィトゲンシュタイン自身の視点とは「治療」という行為で表わされてるんじゃないかということを、中川さんは仰ってます。もうそこで問いは打ち切ってしまって、それ以上問いがあるっていうふうに語る人がいるとすれ

＊12　本書一五頁の注を参照。

ば、「それは言葉というものの文法から作り出された幻想であって、本来あるべき問いではない」ということをウィトゲンシュタイン自身は言ったんじゃないか。そういうことを、中川さんご自身は仰っているんですよね。「治療」とか、病気のアナロジーというものに引っかかって、中川さんご自身は原稿を書かれているんだと思うんですが。この「治療」とか「病気」もアナロジーと言えばアナロジーだと思うんですけど、そこを選ばれたのは理由があるように思うんですが。

中川　そうですね。基本的にはさっき言っていたことのつながりなんですけど。やっぱり僕はもうかなりの回数、実際にそういう哲学的な悩みを抱えている人の前に立って、何ができるんだろうかっていうのをずっと考えてきてた。ウィトゲンシュタインへの関心っていうのは、基本的には多分、ウィトゲンシュタイン自身が考え抜いた結果なんですけど、それは何かすごく本質的なことを言っているんじゃないかという気がしたんですよね。そういう問いの淵に立っている人に対して何ができるのかっていうことの関心で、病という比喩を使うウィトゲンシュタインと何か重なるところがあって。それをもうちょっと勉強してみる価値があるんじゃないか、っていうのが関心ですね。そうですね。じゃあそれが具体的にどう活用できるかっていうのはまだまだ先の話なんですけど。

――　このへんは実際の哲学カフェの活動とつながってくるところなんじゃないかなと感じていたので、その通りだったということが分かって納得しました。ウィトゲンシュタインは、ある意味、このようなかたちで、哲学するということは問いを打ち切ることであって、それ以上問いを続ける人に対して「自分は治療していくんだ」っていう立場。中川さんご自身はそのように考えられていて、原稿は展開していっているわけです。

　でも問いを発し続けていくことに対して、その一方で発見がある。発見があったらもう問いは終わりなんだっていう立場がある。「問いそのものをどんどん続けていってしまう人は、言葉っていうものが生み出した幻想にとりつかれた病気の人なんだ。私自身はそういった人たちに対して、治療していくような立場なんだ」っていうことで、治療者と患者というような立場で語られているという話になっていくんです。発見とか病気とかっていうのも、アナロジーであって、それを見極めるのが非常に難しいんじゃないかと思うんですね。ここが発見の地平だ、というところですよね。あなたが病気なんだ、私は治療する立場、っていうことを、どのタイミングでわかるのか。それがわかる地点というのはどうなんだろうという疑問があったんですが、それについて教えていただけますか。

中川　難しいですね。まさにそう思います。そこは難しいんですよね。つまりどの発言がアナロジーから生じたもので、どの発言がそうでないのかっていうのはすごい難しいんです。だからウィトゲンシュタインは変な手法を使っていると思うんですよね。言語ゲームということで、一見病にとりつかれているような人を描くという。そっちのほうの問いかけっていうのは、「規則とは何か」とかけっこうよく見たような問いかけが多いんですよね。そういう比較的普通の問いかけを発する人を出して、その人が実際に使っているゲームを描く。ゲームを描いて、「いくら問いかけてもこれ以上の何かはないよ」っていうような提示の仕方をしているような気がするんです。

多分ですけど、ウィトゲンシュタインは『哲学探究』の序文で自分で言っているように、[*13]さほど完成されたものではないというふうに自分で言っているので、そこはまだまだ考える余地はあるんじゃないかなと思うんですよね。何がどこでわれわれは治療されたかっていうことですよね。そこには、個人的には単に、「事実こうあるからもう問いかけなくていいんだ」っていうのよりは、もう少し何か判断があるんじゃないかと思うんですよね。「意味とは何か」っていうのにとりつかれて、「意味とは何だろうか」、「規則のことだろうか」、「イメージのことだろうか」、いろんな方向に走っていけるんですけど、そこでとどまる。つまり、意味とは何かと問いかける前に、その問いかけている問い方が正しいかどうかを見極めろっていうことだと思うんですけど、そこは「事実本当に真実だ、真理がそうだから」とかそういう話ではないんじゃないかなという気がしているんですよね。そういう問いかけには意味がなくって、問いかけが打ち切られている状態のほうがよりよいんだっていう判断のほうはもう少し何か言えるんじゃないかなと思うんですけど。

——哲学カフェとも関係してくる箇所だと思うので、その関連についてお聞きします。中川さんご自身がたとえば日本ホスピス在宅ケア研究会などでお話されているときに、突然泣き出してしまうような職業をおもちの方がいらっしゃった。そのとき、自分はそういう方に対して治療ができる立場だと思ってお話されるのか、あるいは自分自身も対話の中に入って治療をしてもらう立場だと思ってお話されるのか。もしかして全然別の

＊13 「同じ論点、あるいはほとんど同じような論点がいつも新たな、異なった方向から述べられ、常に新しい見取図が描かれた。それらのうちの無数のものが書き損じであり、あるいは性格のはっきりしないものであって、貧弱な絵描きのあらゆる欠点に結びついていた。」（『ウィトゲンシュタイン全集8　哲学探究』藤本隆志訳、大修館書店、一九七六年、一〇頁より）

次元のことなのかもしれないんですけど、感覚としてどちらが近いかなという疑問があります。

中川　そうですね、難しいところですね。僕は多分どちらかというと治療されているほうなんですよね。そう思うんですよ。まったく同じことを思うんですよね。「何がケアの現場で必要とされているか」、「ケアってそもそも何なのか」っていうことってやっぱり考えてしまうんですよね。でも、哲学がそういうふうな問いかけをしてる、その中身のほうですよね。つまりケアとは何かってところで自分はどこでつまずいてしまったんだろうかっていうのを、僕はやっぱり見に行くほうかなと。そういう気がしているんですよね。だからやっぱり僕は治療されているんですよね。

研究室では「先生と呼ばないでください」

――ちょっと専門的なお話が続いてしまったので、学生生活の雰囲気も聞いてみたいと思います。臨床哲学はまだ始まって十二年[*14]という比較的若い研究分野で、中川さんが指導を受けられている先生方は臨床哲学を始められた先生方で、臨床哲学を学んだ先生方はいらっしゃらないと思うのです。そういう意味ではほかの哲学の研究室とは、師弟関係だったり、同期の方の雰囲気っていうのが違っているんじゃないかなということを想像しているんですが、実際はどんな感じなんでしょう。

中川　まさにそういう感じですね。僕なんかは学部生のときからいるので、最初だいぶ

＊14　インタビューを行なったのは二〇一〇年。

驚いたんですよね。まず最初に「先生って呼ばないでください」って突然言われるんですよね。「私たちは先生ではありません。せいぜい先輩くらいに思ってください」、そういうふうに言われるんです。たとえばどっかに対話の場に繰り出すとか、そうなったときってもう大学の先生も学生もフラットなところに落ちてしまうんですよね。そういうのとはあんまり関係がない時点で話が進んでいくので、それは直感的には正しかったんじゃないかなと思うんですけど。「先生と呼ばないでください」というのがこの研究室の雰囲気を表わしていると思うんです。それで「行ってみよう」ということですかね。実際に行ってみるっていうのを非常に重視していると思いますね。もちろん知識とか、「こういう本を読みなさい」とか、それはもうぽろぽろあるんですけど、それよりもむしろ「今何がされているのか」っていうのを、実際に学校に行ってみたり、病院に行ってみたり。哲学カフェもそうですけれども、矯正施設とか行ってみたり、いろんなところに実際に足を運んでみるというところがやっぱり強いと思いますね。そういうことなしには授業もあんまり成立しない感じがありますかね。比較的授業も、みんな手探り。「こういうことがあったよ」っていうのをぽろぽろみんな言って、「それはどういうことなんでしょうね」ということをみんなで本当にゼロから議論していく。そういう感じですね。

――　ウィトゲンシュタインもこれからもご専門の研究で続けられる一方で、対話の場での経験も大事にされると思うのですが、本来の専門のウィトゲンシュタイン研究にとって、対話の場はどういう意味をもっているのか。貢献していくようなものとして考えられていますか。

中川　正直言ってしまえば、たとえば思想家なんてどうでもいいわけなんですよね。でも哲学研究のはっきり言ってしまえば、歴史上の誰かが何かを言ったたっていうのは。でも哲学研究の素晴らしいところって、そこを離れていくことだと思うんですよね。つまり、すごい素晴らしい議論をしている人っていうのは、歴史上の誰かが言っていたのをずっと追っていくだけのことはしないと思うんですよ。でも過去の、すごい思索をした人が思索の中で言った言葉っていうのはすごく意味が重いと思うんですよね。それを解きながら、「こういう考え方でいけるんだろうか」っていうのを考えながら、思想家から離れて、すごくいろんなところでこういうことって言えるんじゃないかとか、そういうふうにしていければいいなと僕は思っているんですけれども。別にウィトゲンシュタインはどっちだっていいことなんですけどね。だから対話の場というか、哲学がどこにあるのかっていうけっこう変な問題だと思うんですけど。僕は個人的には、今、哲学的な悩み、哲学的なものに縛られていたり、それを問いかけたりしている人とかのところでそういう知識、それが知識か分からないですけど、そういうものがうまく生かされていけばいいなと思っています。それぐらいの気持ちでやっていますっていう感じですね。

（二〇一〇年十月四日インタビュー）

十五歳で止まった時間、ひきこもりの哲学

俵　邦昭　*TAWARA Kuniaki*

1975 年広島県生まれ。15 歳で不登校に。12 年のひきこもり期間を経て、大検を受験。千葉大学を卒業後同大学院に進学。現在、千葉大学大学院人文社会学研究科博士後期課程在籍中。

■俵邦昭さんは、千葉大学大学院で哲学を学んでいる。幼少期からアレルギー体質で、中学生のときに映画『ドラえもん』を観に初めて映画館を訪れたときも、マスクをして両親に連れて行ってもらったという。その後、進学した高校に馴染めず、だんだんと休みがちになり、あるときからまったく行けなくなってしまった。そうして十五歳から二十七歳までの十二年間を自宅の自室で過ごすことになる。

日本の社会では、義務教育を受けなければいけない年齢の児童生徒の場合、この状態は「不登校」と呼ばれ、それ以降は「ひきこもり」と呼ばれる。政府の統計によると、「不登校」の児童生徒の数は一二万人、「ひきこもり」の状態にある人は六九万人にものぼる。俵さん自身は、三十代後半の今も、十五歳のときのまま、時間が止まったように感じるという。

毎日学校に行けない、さらに外で働くことができないという罪悪感に苦しみながら過ごしていたはずなのに、そのときのことを思い出そうとしてみると、何も記憶がない。少しずつ、出来事が順番に記憶できるようになったのは、二十五歳のときに始めたナンバークロスワードの制作で、雑誌社から仕事をもらうようになってからだ。ＦＡＸで作品を納品し、翌月にお金が振り込まれると、初めて罪悪感から解放された。それから大検を受験。二十七歳のときに千葉大学合格を果たし、実家を出て、一人暮らしを始める。大学院生である今でも、基本的には「ひきこもり」状態と変わらないという俵さんだが、『哲楽』が創刊された当初から、編集部の仕事を手伝っている。時々インタビューにも同席して、インタビュー中に地名や歴史のことで不明点があれば、すぐに補足する。撮影助手を担当することもある。俵さんが撮影する写真にはたいてい、フレームからはみ出るほど、笑顔の被写体が映っているのだった。

ひきこもり中に哲学に出会う

―― 俵さんとは個人的に二年ほど前からのお付き合いです。今回お話させていただくにあたり、何度かメールでやりとりさせていただいていたのですが、その中で俵さんからこんなコメントをいただきました。

「不登校で、十数年ひきこもって、永井先生の本を読んで、大検[*1]を取って、千葉大に入った、みたいな人生経験を話したほうがよいのではないかな」。

私自身も実は、この俵さんの人生経験について、詳しくお話を伺うのは初めてなので、俵さんがかつて見ていた世界を想像しながら、そのイメージをみなさんにお届けできるように、じっくりお聞きしたいと思います。

俵さん、今日は、よろしくお願いします。

俵 どうも任せてください。よろしくお願いします。

―― メールでいただいたようなお話を、俵さんの人生経験について振り返ってお話いただきたいと思うんですがよろしいでしょうか。

＊1 大学入学資格検定。二〇〇四年度まで実施されていた国家試験であり、合格者には高校卒業と同等の資格が与えられた。現在は高等学校卒業程度認定試験（高認）に制度が移行している。

俵　はい、任せてください。僕の話でよければ喋ります。なかなか一人で喋るというのは難しいと思いますけど。

まあ、不登校だったわけですね。いつから不登校だったかというと、高校に入って二か月くらいで学校に行かなくなったわけですよ。それまで小学校、中学校は普通に行っていたんです。でも中学校の後半もかなり休みがちではあって。「あまり学校行きたくないな」っていう子どもではあったのですよね。高校に入って、ちょうど環境も変わるじゃないですか。そのときにうまく馴染めなくて。人間関係とか上手くいかなくて。今思うと、本当、どうでもよいことなんですよね。本当にどうでもよいことかというと微妙なところですけど、今思うとそんなたいしたことじゃないと思うんです。けど、やっぱり馴染めないなと思って。一人でいつも孤立していることが多くて。なんかつらくて、学校行きたくないなっていう感じで、行かなくなっちゃったわけですね。それが不登校になったきっかけといえばきっかけで。そこから十数年、家にいるというか、ひきこもっている期間があったわけですね。高校に行かなくなったのは十五歳ぐらいです。だから高校はほとんど行ってないわけですよ。

まあ、家にいたというか、社会との関わりはほとんどもたず、家にこもっていたわけです。けれど、本は好きでよく読んでたんですね。だから本屋は実はけっこう行っていた。ひきこもりだからといってずっと家にこもっていたかというと、そういうわけでもなくて、本屋さんは毎日行くぐらいの勢いで行っていました。だから、本屋に立ち読みしに行く、そういうのはなぜか大丈夫だったんですね。で、なんとなく哲学というものには興味があって。哲学系の難しい本は読めない。けど、新書で出てるような哲学の入門書なら、面白いなと思って読んでたんですよ。

ある日、本屋さんに行くとバンと新しい新書が出ていた。それが何かというと永井先生の『〈子ども〉のための哲学』*2という本だったわけです。最初、永井均って僕は全然知らなかったですし、名前も聞いたことなかったです。「この本、たしかに哲学の本だから興味はあるけど、買おうかな、どうしようかな」ってちょっと悩みましたね。パラパラ見てみたんですが、「どうかな」とまだそのときは思ったんですよ。「とりあえずちょっと買って、読んでみるだけ読んでみようかな」と思って、買って帰ったわけですね。

そして、読んだらびっくりですよ。これがまたびっくりで、もう大衝撃で。人生で本を読んでこれだけ衝撃を受けたことはないというぐらい衝撃を受けましたね。なんて言えばいいんでしょうね。まさに自分がちっちゃいころから考えてきたような問題がここに書かれていた。「まさに俺のために書かれた本じゃないか」と勘違いしてしまうぐらいの衝撃があった。「私とは何か」という話だったんです。「そうか、こういう問題が学問として大真面目に研究されているのか」というのがまず驚きで。もちろん哲学は好きだったんですけど、でも、哲学というものをこういう話だとはあまり思ってなかったんですよ。哲学というと、ハイデガー*3とかサルトル*4とか、そういう人たちが「現存在」*5だとか「実存」*6だとかなんか難しい言葉を振り回していて、もちろんそれなりの意味はあるんでしょうけど、僕にはなんかそれはいまいちよく分かんなかったというのがありま

*2　本書八九頁の注を参照。

*3　マルティン・ハイデガー（一八八九－一九七六）。ドイツの哲学者。主著『存在と時間』は戦前の人間の理性などを主題とする認識論中心の哲学をシフトさせ「人間である」とはどのようなあり方なのかを問い直した。それ以後のドイツの思想は実存哲学と呼ばれるようになる。

*4　ジャン＝ポール・サルトル（一九〇五－一九八〇）。フランスの哲学者でハイデガーの思想の影響を受け、戦後のフランスで「実存主義」という運動を起こした。本書三〇頁の注も参照。

したね。なんとなく興味はあったんですけど。でも、永井先生の哲学はやっぱり……。いや、ハイデガーやサルトルと違うとか同じとかそういう問題じゃないとは思うんですけど。まさに僕自身に何が問題なのかがよく分かって、そしてまさに自分がずっと考えてきたことがそこに書かれていていて。それがまさに学問としてなされているというか、そういうことを研究しているということがあるんだなというのが驚きで。いろんな意味で驚いたんですね。まさに内容にも驚いたし、そういう学問があるということにも驚いたし。そんな感じでしたね。

――その本に出会ったのが二十一歳のときだったんですよね。

俵 そうですね。本が出たのが九六年ですよね。多分僕が二十か二十一のとき出会って。まあ、ばりばりひきこもり。一番こもっているときじゃないですかね。それから急いで永井先生の本を買い漁っては読んで。「おー」と思う日々がけっこう続きましたね。それが直接ひきこもりから出ることにつながったかというと、それはまた別の話なんですが。

――二十歳前後ってけっこう哲学の吸収率がかなり高いときじゃないかと思うんです。永井先生の本に出会ったのがそういう二十歳前後のときだったというのは、自分の人生の中でもいいタイミングだったという感じはしますか。

俵 うーん、そうですね。いいタイミングといえばこれ以上ないタイミングだったかもしれないですね。でも、もっと若いころ読んでもよかったとも思うし、あの本はたしか中学生のために書かれたと思うんですけど、中学生のころ読んでいてもよかったかもし

＊5　ハイデガーの『存在と時間』で用いられた語で、原語はDasein（そこに在る）。存在を主題とした同書で、世界の中で何かが意味をもち、理解される場として人間を「現存在」と定義した。

＊6　西洋中世のスコラ哲学では事物の本性を表わす「本質」の対概念として考えられたが、サルトルの場合は、主体性から出発して、自己のあり方を選びとり、さらに世界のあり方にも責任を持つべきだとする社会運動的側面が強調される形で考えられた。

れないというのはありますね。だからあんまりタイミングは関係なかったかもしれないです。

「不登校」と「ひきこもり」

―― インタビュー前にお話させていただいていたんですが、俵さん、けっこうよく鼻をかむ感じで。「どうしたんですか」って言うと、「ああ、実はアレルギーなんですよ」という話になって。喘息《ぜんそく》もあって鼻炎もあって、時々中耳炎にもなってということで。私自身もまったく同じ症状ですので、すごく共感できるところがあったんですが。そのアレルギー体質という問題と、不登校あるいはひきこもりっていうことについての関係って、もしかしてあるのかなと。そのあたりについて教えていただけますか。

俵 教えるというほどじゃないんですけど、僕はたしかにあると思いますね。僕もよく病院に行って、喘息で入院したりしていたわけです。たいがいアレルギー体質の子どもってみんなおとなしくて。ひきこもりがちって言っていいのかあれですけど、おとなしくて内気で、あまり積極的に人と喋ったりしないような子どもが多かったと思うんですね。それがどうつながっているのかというのはよく分からないんですけどど。諸説あると思うんですよ。僕は小さいころよく、「喘息の子どもは過保護で、甘やかされて育って、人との付き合いを避けるようになる」と言われて。実際どうなのかというのは分かんないですけど。そういうのもありますし、あんまりお外に連れていってもらえないというのがある。僕も小さいころ、ごみごみしたところ、街中とかあんまり連れていってもらえなかった。初めて映画館に行ったのが中学生のときなんです。中学生のとき、『ドラえもん』を観に行ったんですけどね。ずっと観たかった『ドラえもん』なんですけど、なかなか観せてもらえなくて。初めて行ったときも、中学生にもかかわらず、両親に連れていかれるみたいな感じで。それでマスクもしたまま映画を観たという思い出があります。関連はあると思うんですね。アレルギー体質というか、喘息であったりアトピーであったりといった子どもたちがおとなしいというのは絶対あると思っていて。それがなぜかというと、うーん、微妙なとこですよね。だから「そういう子どもたちがそもそもおとなしい気質をもってるというのか」という考えもありますし、あるいは、「子どもが弱いから親がかわいがって家の中だけであまり外の風に当てずに育てるのでそうなった」ということもよく言われるんですけど、実際どうかというと分かんないですね。ただ関連はあると思います。

―― ぜひ今後、専門家の方たちに調べていただきたいテーマだと思います。今回、俵さんの人生経験をお聞きするにあたり、私も基本的なことを勉強しましたので、言葉の定義についてご説明させていただきたいと思います。

まず「不登校」という言葉なんですが、文部科学省が毎年行なっている「学校基本調査」[*7]という統計調査に使われている項目名として使われている言葉なんですね。その「不登校」の定義なんですが、「不登校」を「何らかの心理的、情緒的、身体的、あるいは社会的要因・背景により、児童・生徒が登校しない、あるいはしたくともできない状

＊7　学校教育行政上の基礎資料を得ることを目的とした学校に関する調査。文部科学省のウェブサイトで公開されている。(http：//www.mext.go.jp/b_menu/toukei/chousa01/kihon/1267995.htm)

況にある者」と定義していまして、その数を検証しています。この調査自体が小学校と中学校を対象にしているので、義務教育期間に登校しない状況を指すことが多いようです。ウィキペディア[*8]の情報なんですが、不登校にある児童生徒の数が二〇〇六年では全国で一二万六七六四人（全体の一・一七％）、小学生三〇二人に一人、中学生三十五人に一人、の不登校児童生徒が存在し、とくに中学校では平均して学級に一人の不登校児童生徒が存在する計算となると[*9]。

俵さんご自身は高校からということなんですが、ウィキペディアに不登校になった児童生徒の要因としていくつか例が挙がってますので、ここでいくつかご紹介したいと思います。まずひとつが「学校生活上の影響」。これは「嫌がらせをする生徒の存在、教師との人間関係、明らかにそれと理解できる学校生活上の影響から登校しない、あるいはできない」というものですね。二番目が「遊び、非行」。これは「遊ぶためや非行グループに入ったりして登校しない」。三番目が「無気力」。「無気力でなんとなく登校しない。登校しないことへの罪悪感がすくなく、迎えに行ったり強く催促すると登校するが長続きしない」。四番目が「不安など情緒的混乱」。「登校の意思はあるが、身体の不調を訴え、登校できない。漠然とした不安を訴え登校しないなど、不安を中心とした情緒的な混乱によって登校しない、あるいはできない」。五番目が「意図的な拒否」。「学校に行く意義を認めず、自分の好きな方向を選んで登校しない」。最後に「複合」という状態があって、「不登校状態が継続している理由が上記具体的例と複合していてそのいずれかが主であるかを決めがたい」というようなことなんです。今お聞きいただいて、

＊8　ウィキメディア財団が運営するインターネット百科事典。誰でもが自由に記事の内容を編集できるのが、大きな特徴であり、その性格上、記事の情報の精確さについては、問題も指摘されている。

＊9　Wikipedia「長期欠席」の項を参照。

俵さんご自身はどこに当てはまるとお考えでしょうか。

俵　僕は聞いてて、もうバリバリ四だなと思ったんです。「不安」かなあと思って。行きたいという気持ちもあるんですよね。行って楽しく学校生活を送れるものなら送りたい。でもやっぱりそれが上手くいかない。本当ならば行きたいという気持ちはすごくありましたね。今でもけっこうひきこもり的なので、「今からでも就職できるならしてーな」みたいなのはありますけど、それに対してやっぱり強い不安はあります。上手くいかないんじゃないかと。そして実際、高校のときは上手くいかなかった。上手く人と合わせることができないというか。

――　ありがとうございます。続いて「ひきこもり」の定義のほうにいきたいと思います。こっちは定義を出しているのは文科省ではなく厚生労働省で、最新の二〇一〇年五月に出された「ひきこもりの評価支援に関するガイドライン」[*10]には次の定義が書かれています。「様々な要因の結果として社会的参加（義務教育を含む就学、非常勤職を含む就労、家庭外での交遊など）を回避し、原則的には六か月以上にわたって概ね家庭にとどまり続けている状態（他者と交わらない形での外出をしていてもよい）を指す現象概念である」。精神科医の斎藤環《たまき》さん[*11]はもうすこし簡単な定義をしています。「二十代後半までに問題化し、六カ月以上、自宅にひきこもって社会参加をしない状態が持続しており、ほかの精神障害がその第一の原因とは考えにくいもの」を社会的ひきこもりであると言っています。[*12]俵さんの場合もこの定義で大丈夫でしょうか。

俵　はい、まさに当てはまると思いますね。外に出て本屋とかに行ったというのはさっ

＊10　「ひきこもり評価支援に関するガイドライン」六頁。PDF版が、厚生労働省のウェブサイトからリンクされている。(http://www.mhlw.go.jp/stf/houdou/2r98520000006i6f.html)

＊11　（一九六一－）。精神科医、批評家。

＊12　『社会的ひきこもり　終わらない思春期』（PHP研究所、一九九八年）二五頁。

き話したんですけど、他者との関わりをもたない限りで外出とかするのは、平気といえば平気だったんですね。人間関係をもつというのが一番苦手というのがありました。だから店員と客みたいな関係として接するのは全然問題なかったんです。でもそれ以外の人間関係っていうのは、ひきこもりのあいだは、本当、家族以外はなかったですね。

それがいつまで続いたかというと、十二年くらいは続いたと思いますね。十五歳ぐらいのときひきこもりはじめて。大検の予備校に入ったのが二〇〇三年なんですよね。それがだいたい二十七歳ぐらいのときなので、ちょうど十二年ぐらいだと思うんですけど。それぐらいまで続きましたね。

ただ大検予備校に入る二年ぐらいまでは、ちょっとだけ働いたというか。実はパズル作家をやっていたんですよ。これは田中さんにも言っていなかったと思うんですけど。「ナンクロ」って知っていますか。知らないですよね。「ナンバークロスワード」というのがありまして（図参照）。クロスワードのルールがちょっと変わった版というのがあります。それをちょっと。多分二〇〇〇年ぐらいから受験のときまで作っていました。やっぱり受験のほうが大事だということで、受験のときでやめたんですけど。一、二年か二、三年か、やっていたんですよね。パズルを作って雑誌に載せてもらうというか。

ひきこもっているときも、やっぱり一番悩んでいたのが、

俵さん作成のナンバークロスワード
（『哲楽』第５号より）

「どうやってこれから食べていけばいいのか」。どうやってお金を手にしたらいいのかというのを非常に悩んでいた。でも、「普通に働くというのはとてもじゃないけど今の僕にはできないな」というのがあった。でも、人と関わらずに上手くお金を稼ぐようなことができないか、と。「今ネットとかもあるし、そういうやつで上手くやっているやつもいるじゃないか。俺もなんかそういう道がないかな」と思って探していたとき、ぱっとパズル雑誌を見たときに「俺でもクロスワードとか作れるんじゃない？」となんとなく思って。「こういうのだったらただ作って編集部に送るだけで、人との付き合いとかもしなくていいし、俺にもできるんじゃないか」と思ってやったら、意外と本当できちゃって。出版社のほうから依頼をもらえるようになりました。最初は投稿してたんですけど、それが認められたというか。それで二年ぐらいは、そういうパズル作家として仕事みたいなのはしていました。でもそれも、人間関係があるかと言えば、正直なかった。ないといえばないんですね。ただFAXとか手紙とかで依頼が来て、こっちは依頼が来たものを作ってただ返すだけですから。でも、お金を稼げたというのがけっこう大きくて、自信になったというのはあるんですよね。だから、これがひきこもりを出るというか、大学に行くきっかけにはなりましたね。

「ひきこもり」と「主婦」

――すごい。初めて聞くお話で、しかもひきこもりから出るきっかけになったというお話だったので、お話をお伺いできてよかったなと思っています。今のお話もそうなんですが、以前からメールでやりとりさせていただいていて、私自身も、俵さんの経験が他人事ではないなというようなところがありまして。というのは、意外と女性でも、結婚、妊娠、出産とか、そういういずれか、もしくはすべてを経験したような、いわゆる主婦の女性に、俵さんのご経験っていうのは共感できるところが多いんじゃないかと思うんですね。

さきほどご紹介した厚生労働省のガイドラインには、「家族がそのような生き方を受容し社会的支援を必要としていない事例の場合、少なくとも当面は支援を必要とするひきこもり状態とはなりません」というふうに言っているので、ひきこもりしている学生さんとか、働いてほしいと思われているとくに男性は支援の対象になるんですが、主婦だと支援の対象にはならないわけですね。でもやっぱりこの悩みっていうのはなんとなく共通する部分があるように思いまして。「主婦」というキーワードと、「ひきこもり」っていうキーワードでインターネットで検索すると、意外と多くの人が悩んでいたりするんですね。

ちょっと検索したのでその情報もお伝えしたいと思います。「発言小町」という読売新聞が運営している掲示板に目に止まったものがあったので紹介します。「48歳、私がヒッキーなワケ」[*13]という題名で投稿された情報。「だって」と「どうせ」という二つのキーワードで書かれてあるんですが、「1. だって外に出ても儲からないんだもん」、「2. だって家でなんでもできるんだもん」、「3. だってヒッキーはお肌が老化しない

*13 発言小町の「引きこもり専業主婦」というトピックにつけられたレス「48才、私がヒッキーなワケ」および「私がヒッキーなワケ 続きです」。(http://komachi.yomiuri.co.jp/t/2004/0906/014277.htm?o=0&p=3)

んだもん」、最後に「だって旦那が稼いでくれるんだもん」。そのそれぞれの中に「どうせ」っていうのが入っているんです。「実はアルバイトを三か月やったことがある。その時間、外に出ることで生じる出費が収入を上回った。疲労だけがたまるし、どうせ昇給も将来性もないし、やっぱり外に出てもぜんぜん儲からないんだもん」っていうのが「だって外に出ても儲からないんだもん」っていうところの「どうせ」なんですね。2の「だって家でなんでもできるんだもん」っていうところの「どうせ」っていうところは、「独学でいろいろやってきた。どうせヘタだしものになる確率も低いからこれで十分。やっぱり家で何でもできるんだもん」というふうなことが書かれてあって。三番目、お肌が老化しないっていうのは「どうせ誰にも会わないから家ではノーメイク、肌が傷まないからエステに行かなくてもすすべすべだ」って言っていて。それが「だって」「どうせ」のスパイラル的な状況でして、こういう状況だけ見れば、誰にでも起こりうる、陥りうる負のスパイラルみたいなものだと思うんですね。現実のコストとベネフィットみたいなものを計算して、自分の能力を見積もってあきらめて、惨めになってどんどん外に出られなくなるという。私自身も経験したことがあるので。主婦でなくても、たとえば論文を書いているけれど就職先がなかなか見つからない休学中の院生とか陥りがちなんじゃないかと思うんですが。俵さんがこういう主婦の方のお話に共感するところがあったら、ご意見をお聞かせいただけないでしょうか。

俵　分かると言えば分かりますね。僕と同じところがあると思いますね。うーん、うーん。ちょっと考えていいですか。ゆっくり、はい。

主婦の人は、ある意味、ひきこもりが許されているところがあると思うんですね。とくに男性は経済的な問題が一番あるんですけど、主婦の方だとやはり、旦那さんが稼いできてくれる。だからべつに、外に出ていく必要がないと言ったらあれですけれど、周りからのプレッシャーはあんまりないと思うんですね。だから実は、女性のひきこもりというのは、たくさん隠れて存在している。表面上は現われていないというだけでたくさんあるとは思いますね。「家事手伝い」であるとか「主婦」であるとかという肩書きの人の中には実はひきこもりの人がかなりいると思うんですけど。

―― いま仰ったように、青年の場合は、家族が受容するより、心配するより励ましたりしてしまいがちだと思うんですね。そのことによって重症化したりすることもあると思うんです。それから男性の場合はとくに社会のほうが、将来の労働力の担い手として見ていることもあって、治療ですとか、支援の対象となりやすいと思われます。でも実は同じ境遇のなかにいて、本人はものすごく苦しんだけれども、周りにはある程度許容されている。そういう筋金入りのひきこもり主婦っていると思うんですね。

ひきこもりの休学中院生もけっこういそうなんですけれども、ひきこもりっていうのはそもそも社会から許容されているほうが、本人としてはいいのか。もしくは許容されていないほうが楽なのか。俵さんご自身は、高校を中退した時点でのひきこもりっていうのはあまり社会から許容されないで周りから心配されるひきこもりであったと思うんです。今院生という肩書きをもって、状況としてはあまり変わってないっていうことだったんですけども、休養されているひきこもり状態だと思うんですが、院生という肩書きがあるので「学校に通っているじゃないか」というふうに言われれば、本人が「ひきこもりだ」と言っても誰も助けてくれないとは思うんですよ。どっちがご本人としてはつらかったのか、あるいは楽だったのかというところで何かあれば教えていただけますか。

俵　はい、うーん。これも本当に一概に言えないというのがやっぱりあって。プレッシャーをかけられるのもつらいといえばつらいんです。かといって、「もうそれでいいよ」と言われるのもやっぱりつらいじゃないですか。本人が本当にこもっている状態でいいと思っているなら、それでもいいかなと思ったりもするんです。けど、多分多くのひきこもりの人は実は社会に出てバリバリ働きたいというか、人間関係の中にあって社会的生活をしたいというか、そういう欲望はあると思うんですよね。だから、上手くやれるもんならやりたいという欲望がある。それを適切なかたちで、サポートしてあげられるように背中を押してあげるというか。それが過度なプレッシャーになってしまうとまた本人としてはつらいところはあると思いますね。あくまで本人がそれで本当にいいと思っていたらいいいと思うんですよ。でもまあやはりそうじゃないと思うので。みんなやっぱり、社会の中にあって、みんなと楽しく生きていたいじゃないですか。そういう気持ちが多分ある。だから、許容するというのも多分僕は違うと思うし、かといってやっぱり、プレッシャーをかけるというのも、本人にとってつらいことなので。だからやっぱりできることからサポートしてあげる。ひきこもっている子どもに対して「働けよ」とか言っても、子どもたちにとってはすごく非現実的なんですね。そんなことといきなりできるわけないから。「そんなことができるならひきこもらないんだよ」というのがあるので。そこが難しいんですね。どういうふうに社会とすこしずつ関わりをもっていくように助けてあげられるかというのが、難しいところだと思います。

――もし俵さんご自身の経験を活かして、いま現在ひきこもっている、もうすこし小さい小学生とか中学生とかに、何かアドバイスというか、自分もそうだったけれども、何か適切な仕方でそういう悩みを解決する手段を提供させてあげることができるとすれば、どういうことが可能でしょうか。

俵 うーん、はいはい。難しいですね。とくにちっちゃい、まだ小学校中学生の子どもたちに対して、どうすればいいかというのは非常に難しいですね。でも、その子たちはやはり学校に行きたいという気持ちがあると思うんですよ。子どもによると言えばよると思いますけど。もちろん積極的に行かないという選択肢もあるし、それならそれでかまわないと思うんです。行きたいけど、なかなか周りのクラスに馴染めないとか、上手くやってけないという子どもたちに対してどうしてあげるか、というのはなかなか難しいんですけど、なんとなく偉そうなことを言えば、「まあそんな気にするな」と。「そんな小学校とか中学校とかの人間関係なんてたいした話じゃないから、べつに一人で孤立してもいいから、行くだけ行っとけよ」というのが、実は素直なアドバイスなんです。でも、それを聞いた子どもが「あ、そうか」と素直に開き直れるわけでもないと思うので。なかなか実質的ないいアドバイスは難しいですね。うーん、僕もそれがどうしたらいいかというのを考えてるんですけど。

ひきこもりから抜け出したきっかけ

―― たぶん経験を同じくしている人ではないと、実質的なアドバイスって難しいと思うんですよね。だから、わからない人がアドバイスしてしまうと余計なプレッシャーになってしまったりとか、そういう部分があると思うので。そういう貴重な経験をした俵さんですので、同じような経験をしている子どもたちにも何か実質的なアドバイスをしていけるような機会があったらいいんではないかなということを考えています。

さきほど、主婦の「だって、どうせ」みたいな話をしたんですけれども、そういうスパイラルを断ち切ったというのが俵さんの場合は永井均先生の本だったと。さきほど出てきた斎藤環さんという精神科医の方が、村上龍[*14]という小説家が書いている、ひきこもりを題材にした小説の『最後の家族[*15]』の書評である文章を書いていまして。その中で、ひきこもり成年が自力で外に出る要因というのは、セクシャルな性か社会正義のいずれかでしかなくって、この『最後の家族』という小説はその二つの要因を満たしていて素晴らしいということを言っているんですけれども、永井哲学っていうのは、ぱっと見、どっちでもないような気がするんです。どこが俵さんの胸を揺さぶった要因だったんでしょうか。

俵　はい。正直言っていいですか。ひきこもりから抜けること自体に関しては多分、永井先生の哲学はあまり関係ないと思うんですよ。ただ、僕は千葉大に入ったわけですけ

＊14　（一九五二―）。小説家、映画監督。一九七六年のデビュー作『限りなく透明に近いブルー』で、群像新人文学賞、芥川龍之介賞を受賞。時代を代表する作家として、同姓の村上春樹と並び称されることも多い。

＊15　村上龍『最後の家族』（幻冬舎、二〇〇一年）。

れども、千葉大に入ったことがひきこもりからいちおう抜けたと言っていいならば、僕は千葉大以外、永井先生のところに行く以外なら大学に行くことはないだろうなと思っていたので、その意味では、まさに永井先生のおかげで、ひきこもりから出られたと言えば出られたというところはありますね。

ひきこもりから出る要因が、セクシャルな性か、社会正義か。ちょっと極端だと思いますけど、でもたしかにそれに近いところはあるのかなというのはありますね。でも、僕の場合は当てはまらないかなという気もします。僕の場合は、なぜ出られたかというと、自分でも実はよく分かっていないところがありますけど、やっぱり、お金が稼げるようになって自信が出たというのがひとつある。それと、やっぱり家族がこう支えてくれたというか。

両親と姉がいまして、姉が十三離れてるんですよ。家族のみなさん、非常に僕に甘くて。非常にありがたいと言えばありがたい。いまだにお金を出してもらっているわけです。「お前、今何歳だよ」と言われそうですけど。大学入るときもかなり背中を家族が押してくれて。だから家族との関係が良好になったというのも実はありますね。ひきこもりのときって、実はけっこう家族とも喋らなくなるんですよね。家族と顔を合わせるのはご飯を食べるときだけ。だから全然日常的な会話とかもしないというのもあるんです。それが、二十代、二十五、二十六ぐらい、まさにパズル作家とかをやりはじめたころにはだいぶ家族とも喋れたりするようになれた。それがなぜかというのも、なぜなんでしょうね。実は大人になってどうでもよくなってきたというのもあるかもしれない。

実はそういうのが大きいのかもしれないです。今でも親と上手くやっているかというと微妙なところはあるんですけど、昔にくらべればだいぶ喋れるようになった。そういう家族関係がよくなった、というのもあり、さらにそれによって家族が「大学へ行けばいいじゃない」みたいな話もしだして、それで背中を押してくれるようになって、みたいな好循環と言いますか、上手く回り始めたというのは実はあると思いますね。普通に働くとかっていうのはまだ難しかったと思うんですけど、大学行くくらいなら行けるんじゃないかと。大学行くとしたら、永井先生のいる千葉大なら行ってもいいというか。だからそういう意味では本当、永井先生のおかげで大学生になって、ある意味、かたちとしては、ひきこもりから出られたと言えるかもしれない。僕はまだ出られたとは思ってないんですけども。

——「風が吹けば桶屋が儲かる」的な発想で、「哲学すればひきこもりから脱する」っていうのは、ちょっと極端な言い方かもしれないんですけれども。実際のひきこもりから出られた要因というのは、実はパズルのほうでお金を得られたっていうところのほうが大きいのですね。やっぱり経済活動をして、自信になった。誰かと物を交換してそれがお金につながったというところが、家庭の外に自分も出てみようかなっていうそんな原動力になったんじゃないでしょうか。

俵　実は本当にそうだと思っていて。やっぱりひきこもりの子は罪悪感があるんですね。僕もずっとそうだったんですけど、ずっと何もせずに一日中家にいて、ただ食べさせてもらうだけ。一番の悩みというか、苦しみというのは、いい歳をした若者が何もせずに家でブラブラしているから、「働けばいいじゃないか」というすごいプレッシャーを感じる。それが一番つらいんですね。ちょろっとですけど、実際お金が自分の手で稼げるようになると、そういうプレッシャーが一気に消えちゃうわけですね。「だって俺、稼いでいるんだからいいじゃない」と、開き直れるというのはありましたね。だから非常に気が楽になった。親にただ食べさせてもらうだけという負い目があったんですけど、お金を稼げるようになったので、気が楽になって親とも上手く話せるようになったというのはありますね。

やっぱり罪悪感がすごくあるんですよ。不登校の子どももそうだと思うんです。学校に行ってなくて罪悪感があるし、ひきこもりの人は外に出て働いていないという負い目がある。でもやっぱり、かといって、自分の力で外に出ていくっていう力がない。本当、どっち行ってもだめだという。どっちからも責められて、どっち行っても安心できないというか、常に不安にさらされているわけです。うーん、なかなかそこは難しい。多分たまたま僕の場合はなんか上手くいったというのが実はありますね。だから普通に「アルバイトしろ」とか言われたら、非常に難しかったです。うーん。だから実はもしひきこもりの人がいて、悩んでるんだったら、パズル作家やってみたらというのは実はけっこういいんじゃないかと。意外とできるので、はい。僕でもできたのでできるんじゃないですか、と思います。あんまり競争率も高くないですし。パズルなんてあんまり作ろうという人いませんから。そうですね、主婦とかは本当、いいと思いますよ。小銭稼ぎにもなって、自信になるし。それがきっかけでやっぱり外に出るということは十分あるでしょうし。そういうのはやっぱり、ひとつあると非常にいいと思いますよね。それを探すのがまた大変と言えば大変なんですけど。

ひきこもりの時間と記憶の連続性

――今ちょっと重要なキーワードをいくつかいただいたように思います。罪悪感を解消するのはやっぱりお金っていうのは非常に大きいんだなということを教えていただいたように思います。最後に哲学の話をお伺いします。今書かれている修士論文についてお話をお聞きしてもよろしいですか。

俵　それが一番喋りにくいことなんですけど。あー。困ったな、それが本職というか本分なので、喋れと言われれば喋ります。

何をやっているかというと、人の同一性[*16]（パーソナル・アイデンティティ）という問題です。いちおう、永井先生の話ともつながりつつ、自分の独自の色が出せるのはどこかなというのを、いまだに探しながらやっている感じなんですよね。どう説明していいのかというのはあれなんですけれど。いちおう、今書いているのは、人の通時的な同一性と言いますか、「昨日の僕と今日の僕が同一人物であるっていうのはなぜなんだい？」っていう問題ですね。で、なぜなんでしょうというのを、修士論文まであと二か月の時点でいまだにけっこう悩んでいるんです。なかなかこれが難しくて。まずぱっと浮かぶのは、記憶をもっているから、というのが分かりやすいじゃないですか。「昨日

＊16　昨日の「私」と今日の「私」など様々な時空間で人がどのような点で「同じ」であるかを問うときに問題となる性質。

何々したということを、今僕は覚えているよ」と。覚えている以上、昨日のその何かをした僕、昨日の体験をした人と、今いる僕とは同一でないかい、と。それは保証されているじゃないか、というのは、ひとつの手ですよね。これは僕は結局、考えた結果、取らないんですけど。ふう、いいですか。ゆっくり、ゆっくり、考えながら話していいですか。どう説明したらいいかな。

――　すみません、私から質問させていただいていいですか。哲学的な質問っていうことになるか分からないんですけれども。時間の流れってけっこう違ってくるように思うんですよね。ご自身がひきこもりだったときに、たった一人だけだったとき、誰とも、ご家族ともお話しないで、何もコミュニケーションもなさらないで、経済活動もしていなかったときの時間の流れですが、そういうときの記憶って続いているものですか。誰とも話さなかった時期の自分は、たとえば、この季節に何があったかとか、すごく覚えていられるものなのかとか、あるいはそのときの時間は止まったままのような感じで、何年から何年は何をしたのかがまったく覚えていない状態なのか、どれくらい細かく覚えていられるものなのでしょうか。

俵　はい、全然哲学的な話じゃなくていいですか。まさにひきこもっているあいだの記憶って、実はほとんどないと言ったらあれですけれど、そもそも覚えているような体験がほとんどないわけです。ただ寝てただけなので。だから十代後半から二十代後半までの記憶というか、思い出というのは、僕の場合、実はほとんどないわけですよね。ただテレビで何をやってたなとか、こういう曲が流行ってたなというのはあるんですけど。

ラジオとかテレビとか、よく聞いたり見たりしていたので。でも実際、実体験として自分が何かをしたという記憶はほとんどないです。だから今思っても本当この十年はあっという間に過ぎた。あっという間に過ぎたというか、そもそも、過ぎたのだろうかというぐらいの不思議な感じで。いまだにだから、実は、気持ちはけっこう十五歳なんです。だから本当に、何もなかったと言うか、もうあっという間に過ぎたと言うべきか、あるいは本当に止まっていると言ってもいいぐらいの感じだと思います。僕の中の感じでは、感覚としてはですね。

——記憶が回りはじめたと言うか、「何々をやった次に何々が起きた」みたいな、そういう何か連続的に覚えていられるようになったのは、いつごろからなんですか。

俵　どうでしょうね。またパズル作家の話になりますけど、最初に自分の作品がこうバンと雑誌に載ったときのことは非常によく覚えていて。そのあたりからは、今思い返しても、だいぶいろんなことがあったなっていうのがあるんですね。それまでは本当に、まったく真っ白なわけですよ。空白というか、何もなかったんですが。そこからすこしずつ、すこしずつ、何もなかったところに書き込むような出来事がちょっとずつ埋まってきたかなっていうのはありますね。二年ぐらい、パズル作家を続けて、その次は一年、大検の予備校に行ったわけですけど、そのときのこともよく覚えてます。その一年を、いろいろ。そのときの友達のこととか、イベントで宮島に行ったなとか、焼肉をしたなとか、そういえば夏ぐらいに大検に受かったなとか。そこらへんからはかなりありますね。もちろん大学に入ってからも、いろいろありました。はい、だからそれくらいですね。パズル作家をやりはじめたぐらいから実質的な思い出というか、内容のあることが埋まってきたというのはありますね。

――実際体験されているわけですから、俵さんにしか書けないものって非常に多いんじゃないかなって思うんですよね。コミュニケーション、記憶、人格の連続性、みたいな問題ですよね。だからそこをむしろ書いていただければ、本当にほかの人にとっても有意義なものになるんじゃないかなと思っていて。本当に女性でも、妊娠期間や出産の直後は、記憶って本当にないんですよね。何もしない時期があるっていうのはあって、痛みの記憶とかはあるんですけども、何か、家にずっといる期間が長かったりすると、そのときはすごく、細かくいろんなこと覚えているんですけど、振り返って、何だったんだろうという感じで、当時の日記とか見てやっと「あー、こんなことあったんだ」というぐらいでですね、何か社会から遮断されているような状態だと、違う時間が流れるような気がしていて。それからまた、社会との関わりが出てくるときに、また違う時間が流れて、そのお互いが行ったり来たりできるような関係じゃないような時間の流れ方をしているように感じているので、俵さんは、実はそのあたりのプロなんじゃないかなと思っていますので、期待してお待ちしているところです。

俵　修論に盛り込めるかというと、なかなか難しいと思うんです。いや、でも、田中さんのお話を聞いて、本当にそうだなと思ったんですよ。たしかに、僕もひきこもっているときのその当時の一日というのはすごく長いんですよね。なかなか今日一日も終わらないと。ただこう、何をしているかと言うと、こもって悩んでいるだけなんですけど、で、にもかかわらず、あとから思い返してみると何もなくて、何も思い出すことがないと。本当にこの、独特な、遮断された時の流れというのが、ひきこもりのときはありましたね。上手くそれを修論に盛り込めるかというと、これがまた、いやぁ、どうだろうな。がんばってやってみて、できることなら入れてみたいと思います。

（二〇一〇年十一月十二日インタビュー）

Ⅲ　東日本大震災後に生まれた言葉

『哲楽』創刊号が出されたのは、東日本大震災が起こった二〇一一年、同年七月のことだった。その年以降、日本ではさまざまな「リスク」に関する言説が流れた。

原発を維持するリスク・廃炉にするリスク、被災地に留まるリスク・逃れるリスク……。これらのリスクの中で、私個人が選び取った行動について他の人に伝えるのは至難の業だった。「子どもへの健康被害のリスクを考え、一四〇〇キロ南の県に引っ越す選択もあったが、仕事の都合を考え、三〇キロ南の市に引っ越した」ということを、当初ほとんど誰にも言えなかった。驚いたのは、「商売の利益に寄与するならば、子どもの利益を減じるはずがない」という信念が自分の中に形成されていたことをだいぶ後になって自覚したことだ。つまり、親が自分のために選んだ選択ならば、子どもの幸福を減じることはないという信念だ。今ならいくらでも反論が思いつく。

震災から五日後の三月十六日、私は当時二歳の息子を連れて一時避難するために羽田空港にいた。余震が続く空港で、列をなして搭乗手続きを待っていたのは、ほとんどが妊娠中の女性や乳飲み子を抱えた女性たちだった。「この先どうなるかわからない」状況の中で、彼女たちがどんな選択をしたのかはわからないままだ。私自身は、翌々週自宅に戻り、哲楽の取材を開始した。その後も、自分の選択が子どもにとっても悪い結果にはつながらないはずだと信じたい気持ちと、もし子どもに何かあれば、自分で責任を取らなければならないという気持ちのあいだで揺れ続けていた。震災直後の混乱の中でこれらから一つを選び取ろうとしている時点で、本来独立のものを同一のものにしようとしていた自分がいたのだった。落ち着いて見回してみると、この種の混乱は、他の人にも起こっていたようだ。「科学的な事実をもとに、自分で責任をもった行動をとり、起こってしまった事故の責任は独自に追求すること」。このことが、実はとても難しいことなのかもしれない。「何が状況を難しくしているのか?」この問いは、創刊号以降の号でも引き継がれていった。第Ⅲ部では、哲楽第二号「自然と暮らしの哲学」と、第五号「3・11後のサイエンス・コミュニケーション」から、この問いのヒントを見つけようと東西を駆け巡って記録した二人の哲学者の声を届けたい。

環境倫理学における自然

鬼頭秀一　*KITOH Syuichi*

1951年愛知県生まれ。東京大学大学院理学系研究科（科学史・科学基礎論）博士課程単位取得退学。インタビュー当時、東京大学新領域創成科学研究科教授。現在、星槎大学教授。現場でのフィールドワークを踏まえて環境に関わる理念に関する研究を行なっている。日本における環境倫理学者を代表する一人として知られる。

■鬼頭秀一さんは、東京大学柏の葉キャンパスに研究室を構え、環境倫理学を教えている。東日本大震災後に環境倫理・環境哲学緊急集会という場を設け、Ustreamで流すという試みに挑んだ。集会が終わった二日後に、鬼頭研究室にお邪魔した。研究室の暗い室内の床に、本がところ狭しと並べられ、引っ越し準備の最中のようだった。「実はこないだの地震で本棚が倒れて、いま補強の工事待ちなんです」と鬼頭さんは言った。

東京大学で教鞭をとる鬼頭さんは、学生時代、同大学の大学院まで薬学を学び、その後、科学史・科学哲学の修士課程に移った経歴の持ち主だ。鉄腕アトムに憧れて科学者になることを目指していたが、自然保護に関心をもち、宇井純氏や村上陽一郎氏の授業に薬学の学生として聴講した。一九七〇年、水俣病患者が国に認められた年だった。できれば薬学の研究も続けながら社会的なことも考えたかった鬼頭さんだが、当時所属していた癌ウィルスの生物学を研究する研究室は、めまぐるしい競争の中にあり、社会的なことをゆっくり考える時間がなかった。そこで一念発起して、博士課程の途中で薬学の研究を止め、科学史の修士課程に入り、本格的な研究を始めることになった。それから大学での仕事を得てから模索すること数十年。四十歳になって初めてフィールドに出るようになった。環境倫理学という分野を学際的に開く努力を、今もなお、続けている。

人は本来自然に何を感じ何を守りたいと思うのか。日本人はあえて、鎮守の森のように自然を祈りの対象としながらも、緻密な理論で言語化しようとはしてこなかった。そのことのもつ意味を、鬼頭さんは穏やかに語った。

薬学部から哲学への転身

――今日は環境倫理学がご専門の鬼頭秀一先生の研究室にお邪魔しております。東京大学の修士課程まで薬学を勉強されてから、科学史の研究室[*1]に移られた鬼頭先生なのですが、この科学史や哲学の関連の研究に移られたときのお気持ちをお聞かせ下さい。

鬼頭　なかなか、言い始めるときりがないんですけれども。元々は私は科学の時代、鉄腕アトム[*2]の時代なので、やっぱり科学者になりたいということでずっときたわけです。ただ中学のときから公害の問題がいろいろ出てきて、ずっと自分の将来も悩みながら。大学は入ったのがちょうど一九七〇年で、東大の入試の後の年なんですが、水俣病の患者さんたちが、チッソの交渉で正式に認められたということで、「怨《おん》」の旗《はた》を掲げて。

そういう中で、僕自身自然保護に前から関心があったので、サークルをやったり、宇井純[*3]さんの本を読んだり、実際に宇井純さんの公害原論を工学部に毎回聞きに行ったりしてですね。自分が科学者としてやっていきたいというのと、社会的に公害とかいろんな問題がある中で、どうやって自分を位置づけていければ良いのかというのがずっとわ

＊1　科学史・科学哲学研究室は、科学技術の成り立ちや、その倫理的問題について研究する研究室。現在は東京大学大学院総合文化研究科の中にある。

＊2　手塚治虫作の漫画とテレビアニメ。アニメは一九六三年から一九六六年に放送され、リメイク版が一九八〇年と二〇〇三年にも放送された。

からなくて。わからないままそのまま薬学の大学院まで行ってしまった。できれば社会的なことも考えながらもともと好きだった分子生物学もやりたかったので、癌ウィルスの分子生物学みたいなことをやってたんですけれども。とにかく競争が激しいところだというのもあるんですけれど、めまぐるしくいろんなことが動く分野で、とても落ち着いて社会的なことを一緒にやるということができなくて。能力があれば両方、二足のわらじでできたと思うんですけれども、とても自分は両方やる能力はないなと思ったんで、すごく悩んで。

それで薬学の大学院に行きながら、科学哲学の、ちょうどそのときは村上陽一郎[*4]さんの講義を薬学の大学院として取りにいって、そこで相談して。「来ないほうがいいよ、来ても職ないよ、来たってうちは博士号ださないからね」とか言われて（笑）。「薬学でちゃんとドクター取ったほうがいいよ」と言われつつも、そこで思いきって博士の途中で中退して、そのまま修士課程から入り直したという感じなんですね。たしかに苦労はしましたけれども。両方できないとか、科学ということとか、公害とか、環境とかいうことを考えて、社会的なこととか、科学哲学とか科学史とかを具体的に始めたということです。

環境倫理学へ

―― 環境倫理学のほうに専門を移られたというのはいつぐらいからだったんですか？

＊3　宇井純（一九三二－二〇〇六）。工学から社会科学にわたる学際的で被害者の立場に立った日本の公害研究の第一人者。一九五六年東京大学応用化学科卒業、日本ゼオンに勤務。東京大学大学院工学研究科博士課程修了後、一九六五年には新設の都市工学科助手に就任。当初から水俣病の水銀説について研究を始め、熊本、新潟水俣病を中心に多くの公害問題に対して、被害者の視点に立ち、徹底した現地での調査を踏まえた、社会科学の領域にもおよぶ学際的で幅広い研究を築き上げていった。一九七〇年に帰国してから、被害者の立場に立った公害の研究、調査結果を、市民に伝え、担っていくものとして、自主講座「公害原論」を開講した。一九八六年には沖縄大学法経学部教授に就任。

鬼頭　それはまだ先の話ですよ（笑）。科学史とか科学社会学とかずっとやってて、特に分子生物学とかやってたんでそういうことをやって、何かそこから見えてくるかなと思ったんですが、これも私が非常に不器用でですね、学問の枠の中で何か考えなきゃいけないとずっと考えていて、そういう中で自分が何かしなきゃというのがなかなか見えない。

私はそのとき山口大学の方にいましたが、三十代の後半に差し掛かったところで、ちょっと思いきって、とりあえず今までの学問の枠組みとかを考えるのをやめようと、とにかくやりたいことをやってみようということで。ちょうど当時、アメリカの環境倫理学が日本に入ってくるというか、アメリカで環境倫理学がすごく話題になってきて、特に地球環境問題ですね。私はアメリカの環境倫理学に違和感を感じたんですね。そのまま日本に入ってくるとこれはヤバいと。八〇年代の終わりから九〇年代にかけてですよね。地球環境問題というのは八九年から始まるんですけれども、ちょうど地球環境問題という枠組みの中で倫理的な問題というので、今まで蓄積があったアメリカの環境倫理学が一種のグローバルスタンダードとして地球環境問題という枠組みの中で流通し始めたわけです。

現実にはナッシュが作ったような倫理の進化[*5]とか、権利の扇型の有名な絵があるんですけれども、そういうのを国際会議で研究者が言うと、フロアのほうから「そんなことが問題じゃないんだ。貧困のほうが問題なんだ」というような野次が飛ぶ、そういう時代だったと思います。

＊4　（一九三六－）。日本の科学史家・科学哲学者。

＊5　ロデリック・F・ナッシュ『自然の権利――環境倫理の文明史』（松野弘訳、筑摩書房、一九九六年）に詳しい。

ですから、地球環境問題というとこで倫理的問題が言われるんだけれども、それは先進国の問題じゃないか、途上国はもっと貧困の問題とかあるじゃないかと。そういうことが地球環境問題の中でクリアに問題が出てきて。

そもそもそうするとアメリカの環境倫理学がグローバルスタンダードとして入ってきたときに、本当にそれでいいのかと。そのときにたまたま、科研費の重点領域で「文明と環境」という日文研[*6]が主導となってやった大型プロジェクトがあるんですが、そこで私がたった一人で、「環境倫理学の科学史的検討」という環境倫理学を歴史的に検討して批判していくというのを立てて。

何か採用されちゃったので、思いきり自分のやりたいほうだい始めたというか。一人の研究代表者なので、いろんな研究プロジェクトがありまして、森林観に関するものとか東南アジアのこととか、私一人で行って、「私こういう研究班の研究代表者です」って、代表者っていっても私しかいないんですけれども、一緒にやりましょうって言って。東南アジアの人たちと一緒に熊野に旅行に行って一緒にフィールドに出たりとかそんなことをやりながら、ちょうどこないだの集会の元になった環境倫理研究会というのがあるんですが、そのときに始めたのがこの研究会なんです。

当時、環境倫理学で有名なものとして加藤尚武[*7]さんの『環境倫理学のすすめ』[*8]がありました。実はその前に森岡正博[*9]さんが『生命学への招待』[*10]という環境倫理学のことをかなり書かれていて、アメリカの環境倫理を紹介していました。そこで森岡さんに、「批判したいのでちょっと研究会に来てください」と言ったら、森岡さんは「あれはもう今

*6　国際日本文化研究センター。京都府京都市西京区にある、研究機関。

*7　(一九三七-)。哲学者。京都大学名誉教授。生命倫理学を日本に導入した。著者に『ヘーゲルの「法」哲学』(青土社、一九九三年)など。

*8　加藤尚武『環境倫理学のすすめ』(丸善、一九九一年)。

*9　(一九五八-)。哲学者。早稲田大学教授。生命学の提唱者。著書に『無痛文明論』(トランスビュー、二〇〇三年)など。

*10　森岡正博『生命学への招待——バイオエシックスを超えて』(勁草書房、一九八八年)。

自分では正しいとは思っていないので二人で批判しながら考えましょう」と（笑）。私が批判しようと思ったのがどういうわけか二人で環境倫理学研究会を始めた。当時私は、山口から青森に移ったところで。森岡さんが日文研で助手でいて、京都と青森から来て東京で研究会をやると。若い人は東京にいるので東京で研究会をやるのが良いだろうと。私はいつも東京にはいないで時々地方から出てきて東京でやるというのをやってたんです。

――そのときおいくつくらいでいらしたんですか？

鬼頭　それはもう、四十になってからですよね。青森に赴任したのが四十になってからですので。私は今でこそ現場が大事だとフィールドに出ていってるんですけど、なかなか頭でっかちで、フットワークが重くて、その歳までフィールドに行けなかったんです。ずっと本の中で生きてた人なんです。でもさっき言った東南アジア研の人たちと、ちょうどそのとき鶴見良行[*11]さんも一緒にいらしてずっと回ってて、旅行行ったりしてたんですけれども。青森に行ったときに、社会学の人も人類学の人もいたんで、一緒にりんご農家の調査しましょうって言って、それで調査に加わって。だいたいこうやって調査をするのかと、四十の手習いなんですけど、それである程度感触をもって。当時、白神山地[*12]の問題で、白神山地が世界遺産になって、今まで入ってきた地元の人や登山の人も中核部には入れないという入山規制の決定をしたので。それをどういうふうに考えたらいいんだろうと白神に関わっているような地域に行って、聞き取り調査をしたり、現場でいろいろ考えたり。ですから私にとってフィールドで本格的な環境倫理的なテーマを

＊11　（一九二六－一九九四）。アジア学者、人類学者。元龍谷大学教授。哲学者の鶴見俊輔は従兄。著書に『バナナと日本人』（岩波新書、一九八二年）など。

＊12　白神山地は、青森県と秋田県にまたがる山地で一九九三年にユネスコ世界遺産（自然遺産）に登録された。

扱ったのは白神なんです。[*13]

現場の声から倫理を立ち上げる

――先生の書かれた『環境倫理学』[*14]という本の中で、「環境倫理学的な理念の問題を現場から追求しようとしている比較的若手の環境倫理学の研究者に執筆してもらった」という文章がありました。今のフィールドに出られたのは四十歳のときというお話とも関連してくると思うんですけれど、フィールドをもった若手とそうでない人のあいだでは何か変化があってそういうことを書かれたのか、あるいは「時代の要請が若い人には フィールドをもつべき」というふうになっているのか、環境倫理学自体が進化して、現場にこそ問題の本質があるということになっているのか、どういうことでそういうことを書かれたのか、お気持ちをお聞かせいただけますか。

鬼頭　現場をもちながら現場の声を聴きながら現場の声から倫理や理念的なものを立ち上げるということをやるべきだろうと。これはある意味ではアメリカの環境倫理学に対するアンチテーゼみたいな問題で。もともと哲学とか倫理とかそういう教育を受けていない人間が環境倫理を名乗るのは……。最初は環境倫理ってことを名乗っていなくて、どちらかというとそれを批判するということを言っていたんですけど、世の中なかなかそういうのを許してくれなくて。「批判をするならお前、何かちゃんと言え」って言われて、違うこと言わなきゃいけないことになって、言っているうちにいろんな人から

＊13　その成果として、鬼頭秀一『自然保護を問いなおす――環境倫理とネットワーク』（ちくま新書、一九九六年）を執筆。

＊14　鬼頭秀一・福永真弓編『環境倫理学』（東京大学出版会、二〇〇九年）。

「お前は環境倫理学者だ」と言われるようになりました。研究仲間だった桑子敏雄さんも、『環境の哲学』の中で、「環境倫理学者鬼頭秀一」と書かれて覚悟を決めました。環境倫理学も〔講義を〕もっているんですけど私みたいなのはある意味で例外的ですね。最初はひねくれた人しか読んでくれなかったんだけども、だんだん時代が変わってきていろんな人が読んでくれるようになって、やっぱり若い人たちの環境に対する感覚って、ずいぶん流れが変わってきたなと思うんですけれど。

今までやっぱり、環境倫理というと、当然のことながら哲学・倫理の枠の中で環境という問題を扱うことだったわけだけど、私のように、現場からやるというのでもよいのではないかと。もっと言えばたとえば環境社会学とか、東南アジア研究とかアフリカ研究とかの地域研究みたいなものから倫理的なものを議論するというかたちでもいいのではないかと。むしろそういうのを積極的に環境倫理の議論の中に入れるのが重要なんじゃないか。私も今のところで大学院生をそういうふうに指導していますし、若い人たちも地域研究で飽き足らずに、もう少し倫理的な枠組みの中で考えるべきだという人たちが増えてきたんです。増えてきたんで、そういう人たちにもちゃんと書いていただいたほうが、今の環境倫理学の新しい息吹みたいなものが伝えられるかなということで。哲学もいま社会の中でどういう役割をするべきかということを考えたときに、環境とかいろんな問題があったときに、何か役割をするというのは非常に重要だと思うんですね。今まで哲学の枠組みを超えて応用倫理というかたちにしても現実の問題にアプローチするのはなかなか難しい部分もありますよね。

皆さん結構工夫してやられていると思うんですよ。そういうときに、現場の問題から倫理を立ち上げていくってこともあってもよいと思うし、そういう研究が一緒にできてくっていうかたちでいいんじゃないかと。私も棲み分けというか両方の可能性があってもっと協働してできればいいなと。その後私も、倫理学や哲学史出身の方たちと環境倫理研究会というのをずっとやってきたんですけれど、まあまあそういうのが認められてきた。そうなると若い人たちが哲学・倫理というものをそういうの延長でやりたいって人もいる。割合、そこからフィールドに出てみたいという人もいる。でも哲学・倫理の出身じゃないんだけれど、地域研究の出身でそういうところからやりたいという人もいる。そういうのを緩やかなかたちで一緒にできるのが良いと思う。こないだの集会の中でも、私は社会学と倫理学の中間ですと発言された方もおられて。調査をしているとなると社会学なんだけれど、倫理の問題の枠組みでやると。やっぱり社会学と倫理の枠組みは最終的には違うと思うんですね。

未来に向けて「どうあるべきか」を問う倫理学

——社会学と倫理学の違いとは、何でしょうか。

鬼頭　多分調査をするという時点では同じだと思うんですね。ただ、調査をしたものを既存の社会の枠組みで捉えていくのが社会学者だと思うんですね。だからある意味では過去の問題について分析していくのは社会学者は得意なんですね。ところがそれからじゃあ「どうあるべきか」っていうのは、そこまで社会学がやるべきかというのは大きな議論の分かれ目だと思うんですよね。禁欲して社会学としてそういう問題を捉えるということが、社会学のアカデミズムの中ではあると思うんですよね。

でもそのとき調べたものから、具体的に今動いているものに関してどう考えるか、もっと先の展望みたいなものを提言する、そういうのは学問の役割としてあってもいいんじゃないかと。それはどっちかというと社会学の枠を超えていて、これは倫理学の枠もどうなるのかわかりませんけれど、あえてやるとするとそれは倫理学とかそういうところがやってもいいじゃないかと。

――先日の緊急集会[*15]も、やはりそういう問題意識で、現在進行形の問題に関して倫理学から何が言えるかということで開かれたのでしょうか。

鬼頭　あれは私がツイッターでつぶやいたことから始まったわけですけど、要は、ある人が「こういう事態になって哲学・倫理学者は何も言わないのか」と言って。それは研究者の方ではなくて哲学や倫理学に近いところにいる人で。それを見て僕は既存の哲学や倫理のところでは出ないだろうなと思ったけれど、何かやらなきゃいけないんじゃないかと思っている研究者はいるんじゃないかと言ってて、そういう雰囲気があってそうだなと思ったんですよ。ここで何か言うっていうのも必要なことだなと思って。誰かやったら来ませんかみたいなつぶやきをしたら、結構反応があって。

具体的に会場取ってやりましょうという感じでやったら、三十人以上もの研究者が

――環境倫理に関心がある研究者ってそんなに多くはないんですけど、いろんな媒体で、

＊15　環境倫理・環境哲学集会は、二〇一一年五月五日に東京神田の学士会館で開かれた、環境倫理系の研究者たちによる集会。震災を受けて、原発問題や世代間倫理、共同体内の倫理など数多くの論点と、これまでの研究が不十分であったとの反省の声が多く上がった。

ツイッターやfacebookやwebであったり、通常のメディアの宣伝はまったくしていないんですけど——そんなに集まっちゃったんです。もちろん環境倫理研究会というのは昔やってて今やっていないんですが、そういう人たちがやっぱり来たいと言うし、若い人たちが、今やっている人たちが来たいと。

実際開いてみたら東京の人はあまりいなくて、関西の人が大部分で、北海道から、佐賀から、愛媛から来ると。みんなそんな遠くからわざわざ来るのって私のほうがびっくりしましたけど。でもやっぱり、こういう時代に、哲学や倫理学が何か言わなきゃいけないんだ、言うことに意味があるんじゃないか、ということを多くの研究者の方が思った。社会的にも哲学や倫理学がそういう枠組みから言うということがなんとなく期待されている部分があったんですね。

—— 集会が終わった後の自己評価としてはいかがでしょうか。

鬼頭 いや、なかなか難しいということですね（笑）。十人にも満たないくらいの研究者が集まってそういう感じになるかなと最初は思ってたんですよ。そしたら、どんどん増えて、三十人くらいになって。でもみんな何か言いたいから来るんだから、これで特定の人だけ言うんじゃなくて、全員に一言ずつ言ってもらうことに。それで最初は一人十分で考えてたんだけど、一人十分じゃとても終わんない。一人五分という感じになって。

会としてまとまりがあるのかと相当苦労して、なんとか取り回してやったという感じで。客観的に見ると、多分いろんな人が入れ替わり立ち代わり言ってて、一体奴は何なんだという部分も多分あったんじゃないかなと気もしますけど。今、Ustreamでも録画[*16]が見られますけど。Ustreamを見てる反応を見ても、環境倫理学はどういうことをやっているのかそれなりの関心をもって聞いておられる方もいるということで。二回目のことはとりあえずおいておいて。とりあえずやってみたという点で、来た人が一言ずつ言うということで、来た人にとっては多分よかったかと。聞いてる人は、ひょっとしたら迷惑だった部分もないわけではないけど。そのへんの多様性と、そこから何か出発するということまでを感じ取ってもらえればいいのかなということで。いろいろ評価は難しいんですけど、とりあえず合格点くらいどうでしょうかということで（笑）。

―― その会の中でいくつか倫理学的な観点といいますか、倫理学・哲学者が得意とする問題がいくつかあったと思います。世代間倫理の問題、確率の問題もありましたね。放射線被曝のことでこの土地にいると発がん率が何％なので、喫煙の確率とくらべてそれをどう評価するのか。私は逃げるべきかここに留まるべきかということを考えるとき、本当にがんになったらその人にとっては一〇〇％ということになるという問題もあります。その土地から逃げるときに、地域に対する恩義とか、地域で共有されている徳みたいなものがあるときに、「お前だけ逃げるのか」という批判があがってきたときに、自分の命だけのことを考えていいのかとか。本当に倫理学として歴史的に考えられてきたことがこの局面で出ているということもあるので、大いに力を発揮すべきと思うんですが、いかがですか。

鬼頭 大いに力を発揮すべきなんですけど。たとえば、世代間倫理という未来世代に対

＊16　二〇一五年現在は概要が見られるだけで、動画は配信されていない。（http://www.ustream.tv/channel/環境倫理学－環境哲学緊急集会3－11）

する倫理のことを考えるときに、未来世代と私たちの世代の関係性をどう捉えるか、なかなか倫理学的にも難しい問題で。論理的にいろんな議論をされてきたと思います。そのことが今日のことでどう考えられるのか。それを具体的に考えてみます。（福島県に）飯舘村[*17]がありますよね。あそこは原発立地から離れているので、いわゆる原発交付金[*18]というのがもらえない。原発立地の交付金がもらえるところはいろんな箱ものができていく中で、飯舘みたいな山間地で何もない中でどうやって生きていくか考えるときに、そこからスローライフとかのキーワードでいろんな形の工夫をしながらまちづくりをしてきたんです。

それが今回のSPEEDI[*19]でもわかるように、風の流れでほとんど飯舘のほうに直撃されてしまい、放射線値が高く出てしまいました。私も仲間と現地にちょっと行ってきたんですが、南相馬と比べても飯舘のほうが高くて、線量計の値が上がってしまいます。土地に根ざして農業をして生きていくという人間本来の生き方が問われています。飯舘村は本当にいいところなんですよ。典型的な里山で、新芽が芽吹いていて、桜とかいろんな花が咲いていて、そういう中に畜舎に牛がいて、でも放射線量は高い。その中でそこで暮らしている人たちが呆然としている。

季節はめぐりめぐってまわってくるんだけど、じゃあ今ここでどうやって暮らしていくのかということが、根底から崩れているんですよね。実は未来世代の倫理というときにそこの問題が重要だと思うんですよ。つまり将来世代の人たちがそこでどうやって暮らしていくか、倫理的な関係というどちらかというとテクニカルな問題ではなくて、そ

＊17　福島県相馬郡にある村。

＊18　電源三法交付金。原子力発電所の立地地域に支払われる交付金。

＊19　緊急時迅速放射能影響予測ネットワークシステム（System for Prediction of Environmental Emergency Dose Information）の略。原子力発電所などから大量の放射性物質が放出やそのおそれがある場合に、周辺環境における放射性物質の大気中濃度、被曝線量など環境への影響を迅速に予測するシステム。

こで生きていくことがどうなのかと。それが今見ていると、根底からそういうものが見えるわけです。僕なんかが未来世代の倫理というのをいろいろ議論してきたけれども、まさにその問題を、もう一度再構成しなきゃいけないし、そこでどうやって生きていくのか、そこで子どもたちがどう育っていくかということに対してきちんと何か言えるようなことをやっていかなきゃいけないと思いました。

アマミノクロウサギと人間との関係性がもつ権利の普遍性

――鬼頭先生は、「自然の権利」という考えを検討されていて、とくにアマミノクロウサギ[*20]に権利を認めるということについて、本の中で書かれています[*21]。この中で、アメリカ流の考えやフランス流の考えなどいろんな考えが紹介されていましたが、先生が考えられる日本的な考えの特徴とはどういうところにあると思われますか。

鬼頭 そこはもう少していねいに言わなきゃいけないところがあって、当初は日本の特有のという書き方をしていたと思うんですけど、ただやっぱりいろいろ調べれば調べるほど、あまりそういうふうに特定するのもどうかなと思うんです。自然の権利というのはアメリカから出発したんですね。日本は自然と今までうまくやってきたということを言われるけれども、日本人の自然観とか日本人が自然についてどう見ているのかというのは、実はよくわからないじゃないかと思います。「自然の権利」とは、欧米由来の概念です。「自然」ということもそうだし、「権利」ということもそうです。

＊20　日本の奄美大島と徳之島のみに分布するウサギの固有種。特別天然記念物に指定されている。一九九五年、自然保護団体により本種を原告として、ゴルフ場建設の許可取り消しを求める提訴が行なわれた。

＊21　「アマミノクロウサギの権利という逆説」鬼頭秀一他編『環境の豊かさをもとめて――理念と運動』（昭和堂、一九九九年）一五〇頁。

でも自然の権利訴訟があって、そういうことを媒介にして自分たちの自然に対する捉え方がそこで出てきたのかなと。だから私は、「アマミノクロウサギの権利」というのは、アマミノクロウサギ自体が権利をもっているとか、それを守るべきだということではなくて、象徴的な意味としての「アマミノクロウサギ」が主題化されているのです。奄美の地で自然といろんな関係をもちながら、そこでいろんな暮らしをもち、そこで自然と融合したような生活を送っている。そういう中に「アマミノクロウサギ」を象徴するような自分たちのアイデンティティーももっている。だからそういう自然が失われることによって自分たちのアイデンティティーもなくなるということで象徴的な意味で「アマミノクロウサギ」が立ち現われるのです。

だから実はアマミノクロウサギの裁判は、一般的には「自然の権利訴訟」と言われているんですけど、奄美の人たちは、「これは奄美の文化を守る闘いです」と最初から言ってたわけです。「文化を守る」ってどういうことかというと、ある意味では「アマミノクロウサギ」という象徴との関係のあり方である。あえて言えば、アマミノクロウサギと人間との関係性がもつ権利なんですね。アマミノクロウサギの権利でもないし、人間の権利でもなく、そこの関係性のあり方にある種の権利っていうのも変ですけど、それを主題として考えるということが出てきた。多分普通に日本人が考えていると出てこないことなんですが「自然の権利」を媒介にして出てきた。アマミノクロウサギの裁判というのが出てくることによって、そのことがなんとなくそれがストンと落ちると。

ですから、実際アマミノクロウサギの裁判が起こったときには、開発問題に対していろいろやっててもどうにもならんと。で、ある古老の方が「こりゃ兎にでも裁判起こしてもらわんといかんな」と言ったら弁護士がやってきて、「実はアメリカにはこういう自然の権利というのがあるんですよ」と。そしたらみんなが納得して。なるほど、こういうの良いよねっていうことになった。僕はこれは「誤解」だって言うんですよ。誤解っていうのは、要するに、自然の権利というかたちでみんなが納得したのは、アマミノクロウサギに権利があるということでみんな納得したわけではないんですね。兎にでもやっぱり裁判起こしてもらわないといかんとか、アマミノクロウサギの関係みたいなもので自分たちが闘っていかなきゃいけないというときに、自然の権利と言われたときに、なんとなくみんなストンと落ちたと。なかなか裁判といっても何のために闘っているのかわからなくなるんですね。法律の枠の中でやるわけですから。自然の権利の訴訟って、見ていると面白くて。「私はアマミノクロウサギの代弁者です」みたいな感じで、滔々とみんな語るんですよ。生き生きと（笑）。

あれもなんか非常に面白くて。今まで裁判の場は、自然の大事さみたいなものを直接訴える場ではなかったんですよね。ところがそういう場にしたというのが面白いという感じがしているんですけど。その思想的なひとつの根拠というのが多分そういうことで。それをある意味では日本特有と言えるかもしれないけれども、よくよく考えるとアメリカでもそういうの考えられますよね。ですからどこまでこれが日本特有なのかというのはなかなか言えない。ただアメリカとかフランスとかだと、それを「権利」というかたちできちんと理論構成して考えるので。しかし、ヨーロッパでも実際には森の木に精霊みたいなのがいてそれなりの祭事みたいのをやるわけですね。でもそれはどう考えてもキリスト教の一神教からはズレているわけですけど、そういうことが行なわれているわけですし。イギリスだってフェアリー〔妖精〕がいっぱいいるわけですよね。ですから、それを理論的に考える場合は権利みたいな近代的なものを考えるんですが、そうではないものをもっていて。そういうものをまた呼び起こすことがありますよね。それが本当に、東洋とか日本特有なものなのか、もっと世界的に普遍的なものなのかはそんなに簡単ではないと思います。

それを、あまりそこで日本特有なものとしてほかと区切ってしまうのもあまりよくないかもしれないと。もう少し外に開いていく、ある意味では普遍的なものとして捉えていく。人間と自然との関係性をそういうかたちで捉えるというのはあり得るわけですよね。ですから、フランスといってもたとえばオギュスタン・ベルクさんの風土論[*22]なんかは今私が言っているものと非常にある意味では近いわけです。彼自身は日本に長くいて、日本語も流暢に話されるし、日本語の感覚みたいなところから、和辻[*23]を批判的に構成しながら理論を立てておられますけれども。でも、フランス人であるオギュスタン・ベルグさんもそういう考えをもっているわけですから。むしろそういうものを普遍的なものとして逆に捉え返していくということもあり得ると思います。

―― なるほど。今日本語で日本の事例を聞いて、腑《ふ》に落ちたところがあって。権利というものを言葉で考えるのか、何か自然の象徴物を皆で共有できるものとして、偶像というか絵で共有していくというかたちで、闘っていく、地域を守っていくというところ

＊22　オギュスタン・ベルク『風土の日本――自然と文化の通態』（ちくま学芸文庫、一九九二年）に詳しい。

＊23　和辻哲郎（一八八九－一九六〇）は日本の哲学者、倫理学者、文化史家。主著に『古都巡礼』『風土』など。

では、西洋と東洋では違いがあるのかもな、という印象を受けたのですが。

鬼頭　たしかにそれはあると思います。『環境倫理学』でも、アフリカ研究とかやっている若い人に書いてもらっています。アフリカ研究で野生生物の研究をやっている若手の研究者がたくさんいます。そのときにたとえばハンティングの問題をどういうふうに捉えるのかとか、たとえば野生生物の保護を地域でどう捉えるのかというふうに考えるとですね、やっぱり欧米の人たちはワイルドライフ・マネジメント[*24]みたいな基本で皆捉えていたと思うんですよ。ところが今の日本の若い研究者、大学院生レベルの人たちが行って、たとえばそこで地元の人たちのハンティングの文化を伝統的なものの中で捉えています。あるいはチンパンジーの保護の場面で、チンパンジーの生息地に精霊の森みたいなのがあると、「ああ、鎮守の森[*25]みたいだな」と思って、「鎮守の森」みたいな概念でそういうものを捉え返すとか。ということは、今までやっぱり欧米の人がいくら来てもそういう見方をして考えて解決しようとしてなかったわけですね。「野生生物管理」とか「野生生物の保護」という考え方は西洋から入ってきて、国立公園やサンクチュアリ[*26]が作られたりはしているけれども、本当に地域にとって意味のある野生生物の管理っていうとなかなか難しい所だったんですね。

　ところが今日本人の若い人たちがそういう所に行って、今の鎮守の森の話もそうだし、ハンティングの伝統的な文化的な意味みたいなのも、欧米の方よりは、日本人のほうがよくわかる。よくわかるから逆に現地の悩みもわかると。その中で一体何ができるかということを考えています。こういうことを考えると、今の日本人の若い人たちがアフリ

＊24　野生動物管理。野生動物と人間の軋轢を解消し、共存を目指す試み。

＊25　日本において、神社を囲むように存在する森林。

＊26　聖域（Sanctuary）の意味から転じて、自然保護区を指す。

カに行ってそういう研究をやるというのは、今まで欧米の人たちができなかったある種の領域があるということです。それはある意味で日本人の感性に関わっています。しかも非常に若い大学院生レベルの方が、今まで欧米のほうが見て来なかったものを見ながらやっている。

　それを見ると非常に僕は面白いと思いますし、そういうところから野生生物管理というのをもう一度問い直すというのをやったほうがいいんじゃないかとそう思います。私の研究室には、アフリカ研究者が最近多いんですよ。ＰＤでね、学術振興会のポスドクなんですけど。彼らはアフリカ研究という地域研究の枠内でやってきたんですが、もう少し野生生物の問題を考えると、倫理的な問題とかそういうところでやりたいと。だからわざわざ環境倫理をやっている私のところに特別研究員として来て、一緒に研究やりましょうという感じになっているんですね。非常に面白い動きになっていると思います。

――　この柏の葉キャンパス付辺だと、流山おおたかの森という駅があって、「おおたか」という鷹の一種の鳥が、一種森を守るための象徴ということを住民が共有しています。この地域でも、今放射線量が高くて土壌汚染が進んで森を倒さなくてはならないとなったときに、「おおたか」どうなるんだろうという動きがもしかしたらあるかもしれないので、そうなったら鬼頭先生の出番かなということを今、聞いていて思いました。

鬼頭　重要な話題ですよね、それは。[*27]

（二〇一一年五月十二日インタビュー）

＊27　このインタビューの後、鬼頭氏に保育園の除染基準について伺うと、鬼頭氏は、東京大学柏キャンパス内にある「東大柏どんぐり保育園」の除染に研究として取組み、結果を公開すると約束。学内での研究プロジェクトの承認・測定・実行に至るまでさまざまな困難を乗り込えて、園庭全面除染を実行。二〇一二年三月には、空間放射線量が〇・一五毎時マイクロシーベルトまで下がった。
　詳しくは、福田健二・朽名夏麿・鬼頭秀一「千葉県柏市の東京大学柏キャンパスにおける放射線汚染の実態と芝生の除染試験」（『芝草研究』四二巻一号、二〇一三年）二〇―三〇頁を参照。

異なる価値観を受容するための論理性

村上祐子　*MURAKAMI Yuko*

1968年東京都生まれ。東京大学で論理学を学び、インディアナ大学大学院で博士号を取得。現在、東北大学大学院文学研究科准教授。共編著に『科学技術をよく考える――クリティカルシンキング練習帳』など。

■村上祐子さんは、東北大学で教鞭をとっている。日本で論理学を専門に学べる大学は少ないものの、村上さんは東京大学の科学哲学という学科で論理学を学んだ。この偶然の事情から、村上さんは科学と社会の関係の中で、日本人の論理性という問題を考え続けてきた。大学卒業後、アメリカのインディアナ大学大学院に留学、哲学・論理学の博士号を取得し、日本に帰国。その後、二〇〇八年に東北大学に就職する。村上さんには、現代社会の専門性の細分化が招く対話不全への危機意識が、一貫して存在していた。そしてあの日、仙台にいた村上さんを地震が襲う。自身も必死の思いで家族のいる東京に戻ったのだが、その後の国内で交わされる言説を注意深く観察することを忘れなかった。村上さんには期待していたことがあった。各自の家庭や経済的な事情の違いの中で、多様な価値観を互いに尊重し合えるように、日本人の言葉遣いが変わっていくのでは、という思いがあったのだ。しかし、現実にはそうならなかった。自分と考えが違う人とは関わらないように人びとは動き、その結果、断絶を深めてしまった。

その後もさまざまな活動を続ける中で、村上さんは依然として悩み続けている。一般的に身につけておくことが望まれる論理性というものが、日本人にとってどういうものなのか、それはどんな手法で訓練でき、どんなふうに評価できるのか、未だ見えてこないからだ。ある種の論理性をもっている人たちが評価される仕組みを作れないか、村上さんは、あの日から歩みを止めずに模索を続けている。そして最近、東北大学の留学生向けの新しい授業を受け持つことになった。日本文化を伝える授業の中で、碁盤を使った論理学の授業を教えるという。日本語の日常会話の文章を、碁盤を使って論理式に変換することを目指す、村上さんオリジナルの手法だ。碁の話になったとたん、声が明るくなった。そしてこの日初めて、村上さんは笑った。

サイエンスコミュニケーションと東日本大震災

――村上さんは元々論理学の専門家でいらして、なおかつ今回の特集のテーマの3・11後のサイエンス・コミュニケーションというテーマに関連していうならば、東北大学ということで、実際被災されました。

村上 しました。オフィスで。はい。

――今日は村上さんが、どのような観察をこれまでなさってこられたかということをお聞きして参りたいと思います。まず、村上さんは元々、科学哲学の研究室で学生のころは勉強されていて、それから現在に至るまでにいろいろな対話の実践にも関わられているということで、その間にどういうことがあったのかをお聞かせいただけますか?

村上 留学とかして、日本に帰ったら仕事がなかった。そこからですね。最初に日本で職をもったのは学術研究のインフラの仕事でした。学術雑誌の流通を改善するという仕事をまずしていたんですけれども、そのあとに東北大の理学部に就職することになりまして。二〇〇八年に東北大に行ったわけです。そうするとですね、いきなりそれで六月に震度五くらいの地震をくらいまして。

――就職が決まってすぐですか？

村上　就職決まって、新しいオフィスをいただきまして。その年ですね。二〇〇八年にまず地震があったんです。宮城県内陸地震です。なんとオフィスの壁にバッテンにヒビが入ったんですね。けっこう大きかったんです。打ち合わせがあったんでそこにはいなかったんですけど、週明けに出勤したらオフィスがヒビだらけになっていた（笑）。そのままこんなヒビ割れオフィスは嫌だなあ、と思ったら、翌年改修工事をしてもらえることになって。その間借りというか、そのあいだ、別のオフィスに、ちょっと大部屋だけど移ってよ、ということで移ったわけです。それまで担当していた授業ってのは英語コミュニケーションでプレゼンの授業したり、あと科学と社会ということで学術、情報流通の話をしたり、インフラ系、大学・研究者評価、そういう話をしていたわけなんですけれども。そこで大部屋に移ったときに、サイエンス・コミュニケーション[*1]の活動を東北大がやっていて、それの「サイエンス・エンジェル[*2]」っていう女性研究者支援の一環として行なわれていたものですが、それのコーディネートをやっていた久利さんという方と同部屋になって、ルームメイトになったんです。

――久利美和先生ですね。

村上　はい。そのとき、何であたしたちは同じ部屋に、こんなところにいるのか。お互いに彼女は火山学で私は哲学だったわけで。

――すごい組み合わせですね、火山と哲学。

＊1　科学の知識や在り方について、専門家から一般市民に伝達し、対話により深めていく活動のこと。
＊2　東北大学による女性研究者支援モデル。次世代の女性研究者の育成および、次世代の身近なロールモデルとなることを目的として結成された。

村上　同じ部屋にいて。それぞれ自分の元々の専門とは関係のない仕事をやっていると。どうしてこんなことになってしまって、これは何なんだという話をまず雑談で始めたわけです。それでサイエンス・コミュニケーションの問題点だとかそういうところについて二人で議論するようになったと。というのが、サイエンス・コミュニケーションに関わるようになったきっかけのひとつ。なので授業で科学と社会に関するものを提供しなければいけなかったというのが一点と、それから実際に実践でやっている方と議論を深めることがたまたまできたと。

彼女の場合にはその火山学からそういうコーディネータなりコミュニケーションという仕事をしていたので、それが研究業績になるという発想はまったくなかったんですね。こちらとしてはそういうのをウォッチだけはしていたので、じゃあそれをまとめて論文なり報告書にしてやったら彼女自身の研究業績にもなるよと、まあある意味、悪知恵を吹き込むことになり。

それで彼女がコンテンツを提供して、取りまとめて、論文にまとめてどこかに出すという形でコンビを組むようになった、というのがサイエンス・コミュニケーションに関わるようになったひとつのきっかけ。二〇〇九年に耐震工事が始まったので。予算取るのが一年かかったんですよ。いろんなところに論文を出し始めたのが二〇一〇年かな。

――　そうこうしているうちの二〇一一年三月十一日だったのですね。

村上　やって来ちゃったんですけど、それまでにもサイエンス・コミュニケーションだとかそういった系統の研究プロジェクトにいくつか関わっていて、主だったものはこのあいだ出ましたが、『科学技術をよく考える』[*3]というクリティカルシンキングとSTS（科学社会技術論）を結びつけた教科書という成果につながったプロジェクト。[*4]大学生向けの教科書につながったような、クリティカルシンキングというものとSTSを融合させたらどうなるのかっていう、そういうプロジェクトが一個。それからもう一個は六ヶ所村の高レベル廃棄物の処理施設に関するタウンミーティングをコーディネートしていた東北大の北村正晴先生と大阪大の八木絵香先生の実践を哲学的に分析するというプロジェクト[*5]があったんですよ。

震災前ですね、これは。それからこれも途中から入ったんですが、司法の場面、とくに裁判所の場面で科学的な知見が、確率的にしか語られないはずのものを、そういう仕方ではない○×で判断されると。そういう事態に対してどういうふうな取り組みを成し得るか。そういう研究プロジェクト[*6]の三つに震災前から関わっていました。あとサイエンス・コミュニケーションの授業にも誘われるようになってきて。実際に始めたのは二〇一一年からなんですが。

――そういう多方面からの、学生含む、日本の市民の皆さん含む、科学に関わる議論の中においでになった。

村上　それを、私は観察者として見てた。

＊3　村上祐子他編『科学技術をよく考える――クリティカルシンキング練習帳』（名古屋大学出版会、二〇一三年）。
＊4　文部科学省科学研究費助成事業（科研費）基盤研究（B）「科学社会技術論と融合のちクリティカルシンキングの研究および教育手法開発」二〇〇九－二〇一一。
＊5　科研費基盤研究（B）「科学技術における討論倫理のモデル構築」二〇〇九－二〇一一。
＊6　独立行政法人科学技術振興機構（JST）社会技術開発センター「不確実な科学的状況での法的意志決定」。

違いを尊重しながら議論する難しさ

――何か震災のあとに特徴的なものが日本人の議論の中で出てきたとお考えになりますか?

村上　うーん。期待したんですが、なかったです。やはりその、たとえば同じ保育園なり幼稚園なり小学校なりに通っている子どもの親御さんがいたとして、そのあとどういう行動をするかっていうのは、それぞれの価値観に応じてその最善の答えっていうのは違う。いろんな消費行動に関しても、みんな自分の考える最善のことをやったというふうに考えています。お互いの価値観なり、家庭の事情なり、経済的な状況なり、そういったものが違うから最善なことをやっているんだ、というふうになるのかなと。つまりお互いの違いを認めるきっかけになるのかなと、ちょっと震災の後、一か月ぐらい期待していたんですが、どうやらそうはならなかったような感じはします。つまり、お互いに違っていて、それぞれが最善の判断をしているから、それは尊重しなければならない、というような方向には向かわなかったように思えます。

――実際はどういう方向に向かっていったんでしょうか?

村上　尊重するというよりは、単に見えなくなっているように見えますね。あの人は私とは違うから関わらないようにしましょうと。そういうかたちでの断絶がむしろ深まったように思います。別に日本に限らずどこにでも発生すること。それをインターネットのような情報ツールが加速することではあるんですけれども、まあそれぞれのたこつぼ化が非常に深まっていったような感じがあると受けてますね。

――村上さんが期待されていたのは、何かお互いの違いを踏まえた上で、お互いが議論できるかたちだったんですね。

村上 うん、お互いにどこが違うのかをオープンに語り合うことができればよかったのかなと思うのですが、なかなかそうはならないですよね。たとえば人種とか宗教みたいに見えやすい違いではないので。うーん、たとえばアメリカみたいな社会よりは見えにくい、というかたちで深刻だったし、今でも深刻なんだと思っています。

保育園でのサイエンスカフェ

――具体的な生活のレベルだとどういう深刻さがありましたか？

村上 お互いに何を考えているのか、語らないので。どうしてそうなっちゃうのかな、っていう人がいたときに、じゃあ話を聞くっていうことは私自身なかったし。そういういろんなタイプの親御さんがいたときに、たとえば保育園の先生のような方に、何に困っているのかというのを情報収集のカフェというかたちで内々に伺ったことはあります。

基本的にはどういうところで問題を感じてらっしゃるのか。その先生方もものすごく勉強されていて、どういうところから子どもに害が及ぶ可能性がある放射線がやってくるのかとか、それをどういうふうに防ぐべきなのかとか、本当に論文まで読むレベルでみなさんすごく勉強してらして。だけども、それでもまだ不安が拭いきれなくて。実際に親御さんから苦情があったときにどうしようか非常に苦慮しているという状況で、説明会のような形式になってはしまったんですが、どこが不安ですか、というかたちで双方向のカフェをやってみた。これは面白かったです。面白かったというのはひどいんですけど。

―― 村上さんがファシリテーター[*7]として？

村上 私はファシリテーターですね。それから先ほどの久利さん。それから通称ミスターサイエンス・カフェの立花浩司さん。この三人で行きました。

―― すごくいいメンバーですね。

村上 謎のメンバーですけど（笑）。保育園の先生方は、子どもにどれぐらい、どういう放射線がどこから、どの食べ物なり、どの砂場から来るのかとか、空間だったらどの溝とか、どういうところが危ないのかとか、そういうところをひたすら一生懸命調べてました。

―― 保育園では科学的な知識に基づいて子どもの扱い、たとえば保育時間をどうするかとか、庭の遊びをどのぐらいにするかとか、そういうことを調べられていたのですね。

村上 実務的に必要な情報に関してはものすごく調べていて。それでも親御さんからの要望には、やはり集団生活っていうこともあるし、行政サービスってこともあるので、できることとできない部分があって、そこに非常に苦しんでらっしゃいました。なので

＊7 哲学カフェやサイエンス・カフェなどで、進行役を務める人。

こちらからは先生の、場合によっては愚痴を聞くってことでもいいのでってかたちで、苦しくなったらまた呼んで下さいと（笑）。

そういうタイプのカフェはやってみたいです。最先端の技術なんかもたしかに必要で、こんなものがあるっていうのを知らしめるのは非常に重要なことなんですけれども、そうではない仕方で、しかも、科学は身近にあってこんなに楽しいね、ではなくて、楽しくはないけれども、何か生活を送っていく際に必要な知識でそれが得られるような場面っていうのを設定したらいいんじゃないかなと思ってやっています。

とくに日本人が論理的であるっていうのは社会的にどういうことなのか、っていうのが哲学でいうところの論理的っていうのとはまたズレていますし、哲学ではなくても、たとえば法学でいうところの法的推論とか論理性ってのは多分まったく違うものですし、何が求められる論理性なのか。さらにそれを研究する論理学って一体何なのか、っていうのがここ数年悩んでいることだし、それをじゃあどういうかたちで大学の授業なり他の場面で教育プログラムとして実施するのかっていうのがまたもう一つ問題として考えていることではあります。

――　先ほどお話いただいた保育園での情報収集の話で、たとえば保育園の先生がすごく震災後に困っている状況で、心理療法士でもなく、原発の専門家でもなく、論理学の先生を呼んでお話を聞くって、呼ぶほうからの発想としては出てこないのでは、と想像しています。

村上　うーん、まあたまたまそれはうちの子が行った保育園だったってのがあるんですけど。先生たちはとにかく困っていて、どんどんやつれていくわけですね、毎日見てると。何か助けてあげなきゃいけない。だけど、もうあっちこっちに行って先生たちも子どもを守ろうというのを必死でやっていて、それでもあっちこっちで壁にぶつかって疲れておられるので、愚痴でよいので聞かせて下さい、と。

―― そのとき、ご自身のことを先生方にどのようにご紹介されたんですか？

村上 それはもちろん、私の職場だとかは先生方はご存じなので、「周りにそういう専門家の方だとかもいますんで、何にお困りかを聞かせて下さいませんか」というかたちで行きました。なのでこちらから知識を提供するっていうよりは、困っているお話を聞かせて下さいというかたちですね。だからこちらから知識を提供するっていう態度ではないですよね。なのでやっぱりいろいろやってはいるんですけれど、私のやっているのは科学に関するネタを元にした哲学カフェにおそらく近い形式でやっているんだろうなと思っています。

―― 問題を整理する役割ということですか？

村上 そうですね。あとどういう問題があるのかを主催者側も含めて共有するというのが目的ですね。

―― 問題として、たとえば保育園の先生から挙げられたなかで、話が噛み合わないとか、そういうことはなかったのでしょうか。

村上 いや、先生たちは噛み合ってますね。保育園の先生たちは非常にロジカルです。

―― いい言葉ですね、保育園の先生たちはロジカル！

村上　うーん、やっぱり短時間に親とコミュニケーションを取る能力っていうのは非常に優れていて、おそらくそういうふうに訓練されていますね。コミュニケーション能力は非常に高いです。子どもとであっても、親であっても。素晴らしいですね。

――元々ロジカルな先生方のお話を整理されたのですね。

村上　でも困っているんですね。それはコミュニケーション能力というのとは違うレベルで困っている。やっぱりどちらかというと、行政サービスの提供者として困っているっていう、そういう困り方をみんなしている。

――それを、論理学者の村上さんがなさったっていうのもすごいことですね。

村上　うーん、でもこれぐらいですね、行ったのって。あとは何かもうグズグズと。思ったよりやっぱり、震災のメンタルダメージだったみたいで（笑）。

どんな論理性を教育すべきなのか

――今、二〇一一年から数えると……。

村上　もう二年四か月ですね。だから原則として変わってないですけど、細分化かつたこつぼ化が発生した。発生したというか、明らかになったというほうが多分いいんだと思いますけれども。まあ多分その前から普通にあったことなんですけれども。派閥に一回分かれてしまうとお互いに攻撃するのみ。そこまで攻撃的になる必要があるのかな、と思うことはあります。

――そうすると、冷静にそれぞれの立場を踏まえて議論できるようなメンタリティを育てるにはどういうことを変えていくといいんでしょう。

村上　うーん、育たないんじゃないかな（笑）。何かもう最近すごくこう、絶望していて。論理性の教育っていうのが一体何を意味しているのかがもうわからなくなっているところがありますね。ちょっと、自分の中でも整理し直さなきゃいけない。教育プログラムで、まあ形式論理まで入っちゃえば普通にテストやればすむ話なんですけれども。その前ですね。で、やっぱりクリティカルシンキングとかロジカルシンキングとか、そういう授業のほうが論理学っていうタイトルの授業でも増えていってますが、これもその効果をどう測定するのか。元々できる子が単に成績がいいのは当たり前で、できなかった子ができるようになるっていうケースっていうのがちゃんとあるのかどうかなんですね。そういう点で効果測定の方法がわからない。測定法がわからない授業っていうのをもって、いつまでできるのかっていうのもわからないですし。

みんながやらなきゃいけないことなのかも、ちょっと私には今わからなくなっていて。でも教育って、それを何かやることが意味があるとしたら、できなかった子ができるようにならなきゃ意味はないですよね。そういうのをどの段階でやらなきゃいけないかっていうのはわかんないですね。わかんないというか、考え込んでて。とくにその、大学に入ってからのようなところでできることって何だろう。ますます、それがいきなり日本語で作文教育とかになっちゃってたりはしますし。でもそれが論理性なんですか？みたいなのは聞きたいし。あと、碁とか論理性が伸びるとかで、碁の授業をやっている大学とかってだいぶ増えてきていますけど、それで伸びる論理性って「酒は別腸、碁は別智」っていうぐらいだから別智のところなんじゃないの？　とか思ったりすることもあって（笑）。ちょっと悩ましいです。

――論理性の定義がまた難しいということですね。

村上　なのでサイエンス・コミュニケーションと論理性っていうのはとにかく、これをやっちゃいけないよっていう禁じ手だけをまずやるっていうのが元々の非形式論理のやってたことで、だからそれは「藁人形」[*8]をやったり、いろんなタイプの誤謬[*9]ですね。権威からの何とかとか。これをやっているってのはロジカルじゃないんだよ、っていう典型的な例を教えて。注意しましょうねという。というのが古典的。市民教育の一環として行なわれてきたんです。中世にルーツはあるにしても、定型化されたカリキュラムだったら多分、アメリカのほうはわりと最近。そういう市民教育っていう側面っていうのはあんまりなく、日本のカリキュラムにも含まれてなくって、公民教育ってありますけど、まあたしかに政治の仕組みだと教えてくれるけど、じゃあ具体的に行政手続きをどうするかっていう授業は多分ないし、大学でもないし、政治的に決定されたサービスとか、そういうのを使うかっていうのはないんですよ。そこに対して不服申立てっていう枠組みはいろいろありますけど、どうやって不服申立てたらいいのかってのは多分あんまり教えられていないと思うし。だから、政治に参加するためのツールとしての論理スキルっていう側面はあんまり考えられてなくて。日本ではね。

困っていますね。だから、何をしたらいいのかってのがまず一個と、どうやったら実

＊8　藁人形論法。対立者の意見を自身の意見に都合のよいように歪め、その内容に基づいて反論をする誤った論法。

＊9　論証の過程に含まれる誤りのこと。前件否定（例：「もし女なら人間である。Aは男である、従ってAは人間ではない」）や早まった一般化（例：「この鳥もあの鳥もカラスである。だからこっちの鳥もカラスだ」）、権威に訴える論証など、形式的・非形式的なさまざまな種類の誤謬がある。

行できるのか、っていうのと多分問題は二つあって。まあだんだん嫌になってきたので、秋は囲碁を通して知る論理ってのをやりますけど。

――やっちゃうんですね（笑）。

村上　やっちゃいます。もうこれはやっちゃいますので。もうやらかしてくれます（笑）。

――囲碁を切り口に見えてくるものを探している段階ですか？

村上　いやー、これはもう完全に趣味でやるので。時制様相と行為様相が入った様相論理[*10]をやります。もう壊れたので好きなことやります。

――もう悩んでいるところを越えて囲碁に帰るという……。

村上　何かもう、帰るというか、好きなことをやらせて下さい。だって留学生に日本文化を教えてって言われたんだもん。

――東北大学の留学生向けの授業で、碁を使った論理学の講義。渋いですね。

村上　渋いでしょ。ちゃんと碁のルールやりますよ、はいみんな碁を打ちましょう、っていって。

――受講しに行きたいです、私。講義を受講すると何が期待としては得られるんですか？

村上　狙いは日常言語の文を、基本的には一階述語論理の文に翻訳する、[*11]その逆もできる、をクラスのゴールにします。

――すごい高いゴールですね（笑）。

＊10　「……でありうる」という可能性や「……べきである」といった必然性に関わる命題を扱う論理。

＊11　日常言語で使われる文章を、論理記号によって表現すること。

村上 うん、だからこれで一学期終わって。で、もうちょっとできる子は「次の手は？」とか、次の手で、合法的な手はどれとかそれを、碁のルールを形式言語で書くのを目標にします。

ヒントは『Tarski's World』[*12]って昔あったコンピュータの教材なんですけれども、3×3のグリッドの上にいろんな立方体だとか正多面体が乗ってて、大中小とかあって、それを形式論理で表現する、ってそういう教材が昔あって、まあ今でもありますけど。昔、スタンフォードが作ったのがあって。でもコンピュータのＯＳ依存なので、依存させないために碁盤でやったらいいなって留学中から思ってて。もうだから十数年温めてきた企画ではある。オリジナルです。

—— 悶えているとおっしゃいましたけど、ものすごく面白いじゃないですか（笑）。

村上 見て見て。だからここに「黒猫のヨンロ」ってアプリが……。

—— 今、ipodアプリを見せていただいています（笑）。

村上 ipodアプリがあってですね、このサイズでできるんですよ。これでやるとですね、こんなぐらいのちっこい碁盤が出てきて。この大きさだったら一階述語論理で書けるんですよ、多分。頑張れば。ルールは。で、これでやると、黒石と白石の詰む配置を書くことを目指す。結構ハード。

全然サイエンス・コミュニケーションじゃないけど。でも論理の授業を英語で教えます。

＊12 Open Proof Courseware のページからマニュアルを見ることができる。(https://ggweb.gradegrinder.net/support/manual/tarski)

論理性の評価を模索する

――しかも碁を使って。

村上　そう、なのでね、もうだんだん何か嫌になってきたので、やりたいことをやります（笑）。

だから論理という観点からいうと、もうどうしていいのかわからないようにやっぱり思っていて、でも何とかしなきゃいけない。だけどまあ、それは日本文化として大学の授業でやるのは、私はちょっと、日本の原発事故が起こっている特殊な事情があったとしても、あまりやる気出せなかったっていうのはありますね。人の行動が一番変わるのは評価を通してなんで。だからロジカルな人が評価されるような場面、ちゃんとした意味でロジカルな人が評価されるような場面っていうのが増えていけば、ロジカルな人はやむを得ず増えると思って。ただその評価項目をどのように作るのかっていうのはまだ全然見えてないですね。

――評価の部分を模索中なのですね。

村上　だから試験問題なんかも、たとえば先ほどの手続きをどういうふうに設計するかってのが、ロジカルと呼ばれているケースってのはたとえばＧＲＥだとか、まあ知能試験、知能テストだとかそういうレベルでしたね。

――ＧＲＥっていいますと？

村上　ＧＲＥ[*13]っていうと、アメリカの大学院入試で、今はないのかな？　昔はそういうロジカルっていうセクションがあって、これだけの条件で、要するにパズルを解く、というのがあったんですけど。パズルを解く能力がロジカルなんですか、ってのはやっぱりわかんないよね（笑）。

でも原理的にはそういう実務能力として、実務能力の一部がロジカルと呼ばれている。公務員試験なんかもそうだと思うんですけど。

――問題は、論理的であるっていうことの定義と、それを実行するための手段と、評価方法ですね。

村上　まあ、もじゃもじゃと考えている。で、それの一端としてそのサイエンス・コミュニケーションを見ている、っていう感じかなあ。

――一番の課題はどのあたりだと思われますか？

村上　うーんと、効率と厳密性のバランスかな。やはりコミュニケーションするときってやっぱり時間的な制約とか、いろんな制約があるので、可能な限り単純化して、いらない前提は喋らないようにして。コミュニケーションとかでも、発言も、文章書いたりもしますけど、その漏れ落ちている部分っていうのの共有をできてないっていうのが最近の問題ですよね。でもそんなに全部書いてたら疲れちゃうし、話終わんないし、とてもじゃないけどやってられない。だから片方向きに情報提供するっていうのはだめだっていうのは、その前提をおそらく共有していない人に向けて説明しているからかな、と。だから質問が途中からでも来て、ここ、一見飛躍しているように見えるその説明なり推

＊13　アメリカの大学院受験の際にスコアの提出が求められるテストで、正式名称はGRE(R)TEST (Graduate Record Examination) で、現在は、数学のセクションの中に論理的な思考力を試す問題が出題されている。

論の展開、論述展開ってのいうのが、「なぜですか？」っていうような確認がいちいち入るような、そういう場面の設定だったら少しでもいいんじゃないかなと思うんですよね。だから科学に関してもそういう手法でやるべきだと思うし、説明しなきゃいけない落としどころっていうのがあるにしても、学会発表じゃないので、違うタイプの提示の仕方っていうのがある。まあ、だからいろんなことをやる羽目になるってけっこう面白いですけど（笑）。

――現在のご所属が国際交流室ですもんね。

村上 これもねー。だから留学生相手に日本文化とか何かよくわからない、訳のわからないことをやっちゃったわけで。普通の、ひとつぐらい特技をもっている人が来て、他の特技をもっている人と何か話しているうちに、何か面白いジャムセッションみたいなのができれば一番いいんだろうと（笑）。

――今日は、落ちるところはジャムセッションでしたね。

村上 それで、何か新しい見方が出たら大ラッキー。そういうコミュニケーションはやってて多分楽しいし、まあ失敗したら失敗したらでまあしょうがないなあと、まあ失敗するほうが多いなあと思いながら。無駄な時間になっちゃったかもしれませんがすみません、また喋りましょう、と（笑）。

（二〇一三年七月十八日インタビュー）

あとがき

哲学者の声に耳を傾け続けていくうちに、子どものころの最初の哲学的な問いがどんなふうに発せられ、どんなふうに受け止められたのか、その対話の痕跡が残っているように思うようになった。最初の哲学的問いを受け取ったであろう大人たちの気配に、寄り添うように質問を重ねていくと、いつも気持ちが安らいだ。

三、四歳の幼児は空想と現実の区別がつかず、さも現実のことのように空想話をすると言われている。私の息子も例外ではなく、かなり具体的な空想話をする時期があった。マンションのB棟（現実はA棟）に自分の家があり、猫と犬が百匹ずつ（現実にはいない）、赤ちゃんが三人（現実にはいない）、お姉ちゃんが一人（現実にはいない）、優しいママが一人（現実には短気な母が一人）いると。

あるとき、息子の優しいママに嫉妬した私は、「じゃあ、このお母ちゃんじゃなくて、優しいママに保育園のお迎えに来てもらって」と言った。すると彼は、すぐに激昂してこう言った。「じゃあ、お母ちゃんも、子どもになって保育園に行かないでよね！」と。私が空想の中で子どもになって保育園に行くことを禁じたのだ。

このとき彼は、空想と現実の区別がついていたとも言えるし（他人の空想を正しく禁じたので）、ついていないとも言える（皆自分と同じように現実の中に空想があると信じているので）。いずれにせよ、未だに現実と空想の世界をさまよっている私には、この反論はかなり効いた。

不思議なのは、これが幼児のある年齢に一時的なことで、あるときを境にこういうことをまったく言わなくなるということだ。発達心理学者は、現実と空想が区別できるようになるときが来たからだと言うけど、本当だろうか。

思い浮かべたことが空想か現実かを区別しないで言葉で描写できる時期があって、目や手で確かめられることや他人から見える世界と齟齬があることを後で知ってから、そこだけ語らなくなるのではないだろうか。それを人は「空想」という言葉で呼ぶと。では、その結果できた「空想」という言葉で、自分のそれをそのままのかたちで指し示すことが可能なのだろうか。

私は幼いころ、すぐ上の兄とよくお喋りをして過ごしていた。兄は聴覚に障害があったので、もっぱらそれは音声言語ではなく、ホームサインと呼ばれる家庭内でのみ通じるジェスチャーを介したものだった。私たちはお互いの表情や口のかたちを読み取り、自分たちでつくったジェスチャーを組み合わせ、親の機嫌が悪いことを伝え合ったりしていた。私は人と話すのが苦手なまま、大学生になってから手話を学んだ。そうこうしているうちに、兄とどんなジェスチャーを使っていたのか、もう思い出せなくなっていった。大学院で哲学を学び始めたのはその後のことだった。それ以来、人が何らかの問題を最初につかみ取ろうとしたときの身体的な構えと、そのことを語る声にずっと惹かれ続けてきた。哲学者へのインタビューを始めたのは、そんな声にずっと浸っていたかったからだった。そのせいかどうかはわからないが、インタビュー中に哲学的な議論を深めるような気の利いた質問は、結局一度もできなかった。けれど、哲学者に哲学的な問いかけを駆り立てる最初の衝動には、近づけたのではないかと思う。

今回、雑誌『哲楽』での足掛け五年にわたるインタビュー録を再編するにあたり、さまざまな方々のお力をいただいた。インタビューにご協力いただいた皆さんには、長時間に及ぶ収録にお付き合いいただいただけでなく、その後の確認の労を取っていただいた。雑誌が創刊した当時、ナカニシヤ出版で編集者をされていた津久井輝夫さんは、毎号広告を出稿してくださり、励ましてくださった。津久井さんの「今回も良かった」という言葉がなければ、ここまで続けられなかったと思う。ムーンライトブックストアの村井亮介さんには、編集者の先輩として、リトルプレスの醍醐味や難しさを教えてくださった。『哲楽』という雑誌名は、村井さんの命名で、今でも温かく応援していただいている。吉永明弘さんは、企画・編集段階からご助言をいただいただけでなく、雑誌がまとまるたびに校正を担当してくださった。土屋陽介さん、村瀬智之さん、宮田舞さんには、編集会議でインタビューの構成についてご助言いただいた。谷川卓さん、俵邦昭さんには、書き起こしなど多岐にわたる仕事を手伝っていただいた。また、本編で使用した哲学者の方々の写真はほぼすべて著者撮影のものだが、お話に引き込まれて撮影を失念した村上祐子さんのお写真のみご本人にご提供いただいた。最後に、後先考えずに突っ走ってきた私に、書籍化の機会を用意してくださったナカニシヤ出版の皆様、とくに石崎雄高さんに、心からの謝辞を捧げます。

ここで記録した哲学者の声が、読者と読者の身近な子どもたちの歩む道のりを、明るく照らさんことを。

田中さをり

二〇一五年十一月十七日

■インタビュアー紹介

田中さをり

高校生からの哲学雑誌『哲楽』編集人。幼少期に聴覚障害のある兄とホームサインで会話して過ごした経験から、身体の環境が違う者どうしのあいだで倫理規範や言語はどんな意味をもつのかを考え続けてきた。千葉大学大学院にて哲学、倫理学、情報科学を学び、修士（文学）、博士（学術）を取得。専門は情報科学と学術広報。現在、都内の大学で広報職員を務めながら、哲学者へのインタビューを続けている。

哲学者に会いにゆこう

2016年4月30日　初版第1刷発行

著者代表　田中さをり
発行者　中西健夫

発行所　株式会社　ナカニシヤ出版
〒606-8161　京都市左京区一乗寺木ノ本町15
TEL（075）723-0111
FAX（075）723-0095
http://www.nakanishiya.co.jp/

印刷／製本・亜細亜印刷

＊乱丁本・落丁本はお取り替え致します。

ISBN978-4-7795-0992-6　Printed in Japan

哲学をはじめよう

戸田剛文・松枝啓至・渡邉浩一 編

従来の「哲学」イメージを払拭したい！ そんな想いで作られた若手哲学者たちによる入門書。私と他者、美、論理、数学、自由といったテーマを通し、あなたの「当たり前」を「驚き」へと導く。二〇〇〇円＋税

倫理学の話

品川哲彦

倫理学とは、いわば倫理の中の「毒」を防ぐ解毒剤である。「倫理学とはどんな学問か」「善とは何か」「正義とは何か」――深いテーマをさらりと説いて、初心者も研究者も引き込まれる倫理学概論。二四〇〇円＋税

高校生と大学一年生のための倫理学講義

藤野 寛

哲学や倫理学は本来、若者にとってこそ面白い！ よい人生・死・性・ルールなどについての19回の講義で、自分で考える力を養う、本物の倫理学への入門書。巻末では倫理学の重要な用語を解説。二二〇〇円＋税

ウィトゲンシュタインの誤診
――『青色本』を掘り崩す――

永井 均

分析哲学という「治療法」でウィトゲンシュタインが治せなかった「病」とは何か？ 『青色本』を徹底的に読み解き、批判的に乗り超え、哲学の新たな可能性を切り拓く永井哲学ワールド。一八〇〇円＋税

＊表示は二〇一六年四月現在の価格です。